U0963985

快读慢活

陪伴女性终身成长

女子运动术

[日]中野·詹姆士·修一 著

张超南 译

天津出版传媒集团

天津科学技术出版社

读者须知：医学是随着科学技术的进步与临床经验的积累不断发展的。本书中所述的知识与各项建议均是作者结合自己的专业和多年的经验审慎提出的，但图书不能替代医疗咨询。因本书相关内容可能造成的直接或间接不良影响，作者和出版方均不予担责。

天津市版权登记号：图字02-2023-146号

图书在版编目（CIP）数据

女子运动术 /（日）中野 · 詹姆士 · 修一著；张超南译 . -- 天津：天津科学技术出版社，2024.3（2025.6 重印）
ISBN 978-7-5742-1763-8

Ⅰ . ①女… Ⅱ . ①中… ②张… Ⅲ . ①女性 – 健身运动 Ⅳ . ① G883

中国国家版本馆 CIP 数据核字 (2024) 第 021515 号

女子运动术
NÜZI YUNDONG SHU

责任编辑：陶　雨
责任印制：兰　毅
出　　版：天津出版传媒集团 / 天津科学技术出版社
地　　址：天津市西康路35号
邮　　编：300051
电　　话：(022)23332400
网　　址：www.tjkjcbs.com.cn
发　　行：新华书店经销
印　　刷：天津联城印刷有限公司

开本 880×1 230　1/32　印张 5.5　字数 100 000
2025年6月第1版第2次印刷
定价：58.00元

前 言

女性健康“最大的敌人”是什么

运动有益健康，大多数人都能达成这个共识，也都明白为了保持健康，一定要挤出时间做运动。

不过，更多的人往往会因为工作繁忙，或不知该如何运动等而犹豫不决，迟迟无法展开行动。

针对这种情况，我在之前写的另一本书，《当医生让你运动时，一定要先读的书》中专门总结过当被医生要求“多做运动”时，该如何开始行动起来。

虽然我最初编写那本书时，并未特别限定读者的性别，但是从内容上来说，确实更适合工作繁忙的男性。然而根据调查显示，该书的**男性读者仅占四成，女性读者却高达六成**。

这大概是因为女性对自己的健康更加上心，当收到“要多做运动”的医嘱后，更能下定决心真正地开始行动起来。

因此，我决定写下这本**专门面向女性读者**的书。

本书之所以会将读者群体限定为女性，是因为我认为女性在运动方面存在更多的需求。但这不是因为存在更适合女性、实操性更强的运动方法；也并不是因为有些疾病在女性群体中的发病率更高，而是因为相较于男性，女性在为了保持健康而做运动时，往往需要面对一个“**强大的敌人**”。

它到底是什么呢？

很多女性没有运动习惯。因此，在没有运动习惯的情况下，即使想要开始运动，也会感觉非常迷茫，不知所措。

也许有人会对这个结论产生怀疑，因为我们经常可以在马路上遇到正在跑步、散步的女性；在健身房里，不仅有跳舞、练瑜伽的女性，利用器械做力量训练的女性也很常见。

尽管如此，仍有一个不容忽视的事实，即没有运动习惯的女性所占的比例非常高。

下一页的图表是日本厚生劳动省发布的《国民健康营养调查》，关于“运动习惯[1]持有者的比例分布图”。从中可以看出，20—29岁的女性中，只有11.6%的人有运动习惯。而30—39岁、40—49岁、50—59岁的女性中，有运动习惯的比例分别为14.3%、16.1%、23.9%，虽然随着年龄的增长，所占比例逐渐上升。但是，女性运动各年龄阶段的占比仍然不够高。

由此看出，虽然不少女性有着强烈的健康意识，也在积极

1 此处提到的“运动习惯”是指一周至少运动两次，每次至少30分钟以上。

运动习惯持有者的比例分布

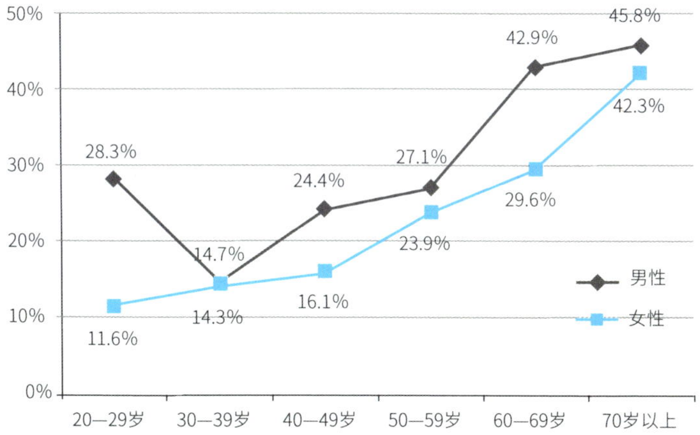

出处：日本厚生劳动省《国民健康营养调查》（2017 年）

地尝试运动，但是更多的女性是完全没有任何运动习惯的。有些女性甚至可能只在自己学生时代的体育课上做过运动，之后的日常生活中几乎从未做过任何运动。

如此一来，当她们被医生叮嘱要多做运动时，也就不知该如何行动起来。

此外，还有另外一个“宿敌”在妨碍着女性的健康，即**肌肉力量不足**。

如果问女性朋友们，“你认为自己拥有足够的肌肉力量吗？”可能很多人都会回答“没有”。

大多数女性甚至没有想过自己需要增加肌肉力量，也从来没有做过任何力量训练。

然而，**女性在运动中遇到的各种问题的根源，主要在于肌肉力量不足**。因此，只有加强自己的肌肉力量，才能解决这些问题。否则，女性常见的**肩痛、脚部水肿**等困扰会反复出现，无法从根本上得以解决。**皮下脂肪型肥胖**也是如此，若身体的肌肉含量不足，脂肪便也无法高效燃烧。

因此，增强肌肉力量，对于女性保持健康的体魄至关重要。

本书将会反复提及培养运动习惯、解决运动量不足和肌肉力量不足等问题的重要性。

我能理解很多女性担忧自己无法坚持运动、做力量训练。然而，女性常见的身体不适和女性容易罹患的疾病其实都和运动量不足、肌肉力量较弱息息相关。

因此，本书会采用通俗易懂的风格，针对没有时间做运动或是没有运动基础的女性，详细介绍更加立竿见影的运动方法，以及如何在有限的时间内提高运动效率等。

为了保证本书内容的正确性与严谨性，特邀请日本庆应义塾大学医学院运动医学综合中心的伊藤惠梨医生担任本书的审订。

此外，关于女性孕期和产后的运动内容，日本庆应义塾大学医学院运动医学综合中心的田畑尚吾医生提供了大量宝贵的建议。

若是各位女性读者能够通过本书开始尝试运动，能够愿意为了自己的身体健康而迈出运动的第一步，我将备感开心。

中野·詹姆士·修一

目 录

第 1 章 想要健康，必须要有肌肉

第2章 通过运动消除疼痛，预防疾病

相关训练速查

运动障碍综合征
对策训练
第1章
P29

骨质疏松症
对策训练
第1章
P38

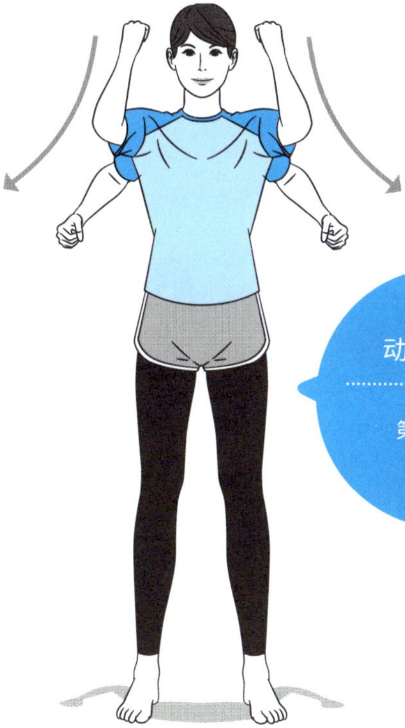

动态拉伸

第 2 章

P60

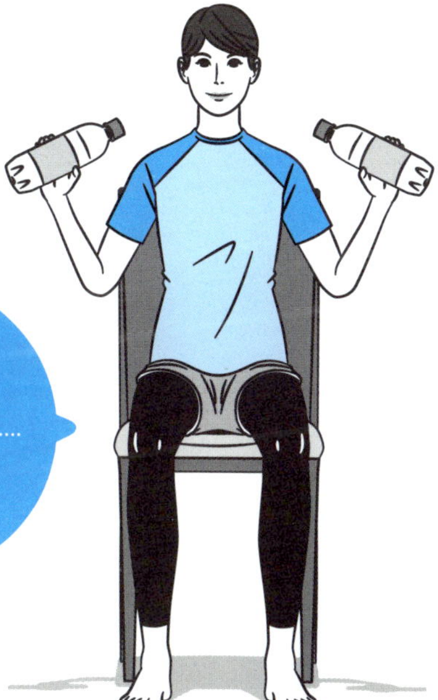

肩部周围
肌肉训练

第 2 章

P65

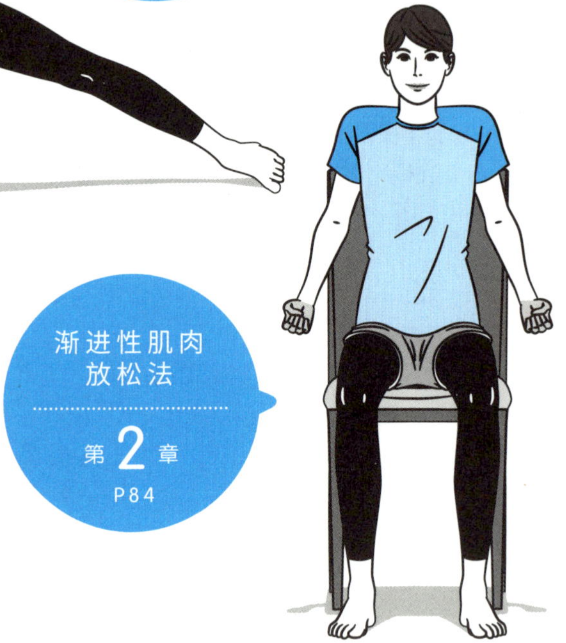

读者福利！ 可扫描卡片上的二维码，观看训练内容的解说视频。

第1章

想要健康，必须要有肌肉

坚持“1天10 000步”“轻度力量训练”，却不见成效的原因

众所周知，运动有益身体健康。

日常运动对我们的健康大有裨益，不仅可以活动筋骨、消除肥胖、预防生活方式病，甚至还能远离瘫痪等。

然而，并非所有人做运动都能获得显著效果。一定会有人因“工作太忙，没有时间运动”“不知道应该先做什么运动”等原因，还未开始就已止步不前。

也有一些人，虽毅然决然地开始了运动，却总觉得看不到成效。其中很多人反映“明明已经开始运动了，却不能如愿地瘦下来”“体检时各项数值没有任何变化”“爬楼梯依然累得大喘气”。

之所以会这样，是因为很多人在做“**自我欺骗式运动**”。

如今网络上充斥着各种关于如何在日常生活中抽空做运动的方法。比如，“坐公交车或地铁时，提前一站下车步行回

家”“在做家务时，做某些动作就可以达到力量训练的同等效果”等。然而，即使多步行一站地，或是做家务的同时做一些力量训练，运动强度仍然太低，无法真正达到运动的目的。

当然，这些方法也并非完全无用。每个人运动的目的各不相同。如果是为了放松，或是为了改善全身的血液循环、促进新陈代谢，那么选择节奏舒缓的步行或运动强度较低的力量训练，的确是一种不错的方式。

然而，如果人们运动的目的是**减脂**、治疗**生活方式病**和**运动障碍综合征**，或是让体检时的数值恢复正常，那么持续低强度的散步或力量训练，就很难看到成效了。

事实上，生活忙碌、没有时间运动的人才更需要提高运动强度。花大量时间去做低强度的运动，只是“自我欺骗式运动”，收效甚微。

▶ “不能增肌”的运动，做再多也只是徒劳

究竟什么样的运动才是强度适中、易见成效的运动呢？

衡量的标准取决于这项运动**是否能增肌**。节奏舒缓的运动也许能够改善全身的血液循环，但不能增肌。

最近，“肌肉对身体健康非常重要”这一观点逐渐得到了更多人的认可。

人在20—30岁时身体的肌肉含量最高，在此之后，以下半身为主的肌肉会逐渐减少。有研究表明，当人们步入30岁，肌肉会以平均每年1%的速度减少。换言之，如果不做任何运动，身体的肌肉便会持续减少。

肌肉减少，会带来什么后果呢？

首先，运动器官机能下降。在造成瘫痪的原因中，运动器官机能下降约占三成。所谓的运动器官，是肌肉、骨骼、关节等与身体运动相关的所有器官的总称。因此，通过力量训练来维持身体的肌肉、锻炼腰部和腿部、保持身体的良好机能，可以有效地预防瘫痪。

其次，有研究表明，力量训练可以预防阿尔茨海默病。该研究称，“运动不足”是导致阿尔茨海默病发病的危险因素之一。力量训练或有氧运动可以刺激肌肉，促进血液循环，从而提高大脑的活跃度，在一定程度上预防大脑神经退化。

但是有些人即便了解增加肌肉可以有效地预防瘫痪或阿尔茨海默病，仍会觉得这些疾病离现在的自己很遥远。

事实上，从二三十岁就开始做力量训练的好处，还远不止这些。

我用“以减脂为目的的运动”举例。很多人认为即使做低强度的运动，只要出汗就能瘦下来。因此，他们为了减脂，会穿着暴汗服等不透气或者很厚的衣服跑步，或蒸桑拿、做高温要想减脂，必须“先做力量训练”

虽然最终目的是为了减脂，但是先通过力量训练增加身体的肌肉含量，再做有氧运动，脂肪就能更高效地燃烧。

瑜伽，从而让自己排出大量汗水。

很多人误以为只要排出足够多的汗，就能燃烧大量脂肪。但事实并非如此，排汗量与脂肪的消耗量没有任何关系。

当你出了很多汗后去称体重，也许会欣喜地发现体重变轻了，但是这部分减掉的重量其实只是排出体外的水分而已。若是排汗过多，甚至可能会患上轻微的脱水症，给心脏等器官带来负担。

另外，很多女性在选择运动项目时，会首选高温瑜伽。当然，瑜伽能够有效放松身心，但是因为人体无法长时间在高温的室内做运动，所以身体消耗的热量也不会很多。而且瑜伽的运动强度较低，增加肌肉的效率也不够高。

此外，一提到能够燃烧脂肪的运动，很多人最先想到的是步行、慢跑等**有氧运动**。然而与其在肌肉量少的状态下做有氧运动，不如先做力量训练增加肌肉含量，才更容易见效。这是因为当人体肌肉含量增加后，基础代谢率就会提高，燃烧的脂肪也会更多。

增加肌肉量能够帮助身体快速消耗糖类，有效预防和改善糖尿病。在应对和治疗其他生活方式病方面，有氧运动配合力量训练同样有着举足轻重的作用。

▶ 坚持“1天10 000步”却没有效果的原因

相信很多人都听说过“1天10 000步”的健身方法。

其实我认为，每天坚持走10 000步是一种非常厉害的行为。但是，也有不少人向我反映，明明坚持每天走10 000步了，却几乎不见任何成效，没有瘦下来，体检报告上的数据好像也没有太大改善。这到底是为什么呢？

这是因为，总是在不变的路线上花费同样的时间步行，运动强度是始终不变的，所以即使走了10 000步，肌肉也不会增加。关于这一点，我会在后文详细说明。

总之，若是不通过提高速度、改变路线等方式来加大运动强度，就无法达到运动增肌的目的。

另外，一般步行10 000步需要花费2小时以上的时间。对于生活比较忙碌的人来说，很难专门抽出2小时来完成。

因此，与走10 000步相比，20分钟的慢跑和10分钟力量训练相结合的运动方式会更容易见效。

皮下脂肪型肥胖

先增肌才是减脂的捷径

皮下脂肪型肥胖的特征是什么？

脂肪主要堆积在下半身，常见于女性。

适合做什么样的运动？

先做力量训练增肌，然后通过有氧运动燃烧脂肪。

肥胖，根据脂肪堆积的部位不同，可以分为以下两种类型。

女性常见的肥胖类型多为“**皮下脂肪型肥胖**”。这个类型的肥胖，皮下脂肪多堆积于下半身，因此这类人群的身形俗称“**梨形身材**”。

相对的，常见于男性的肥胖类型多为“**内脏脂肪型肥胖**”。因为内脏周围堆积着大量脂肪，所以身形看起来大腹便便，俗称“**苹果形身材**”。

相对于皮下脂肪，内脏脂肪更容易被消耗掉。皮下脂肪和内脏脂肪都是身体为满足紧急时刻需要所储备的能量来源，运动时最先被消耗掉的是内脏脂肪，经过多次运动后，才会开始消耗皮下脂肪。

男性通过调整饮食、增加运动，经过2～3个月就能减掉腹部脂肪。而女性则需要花费更多的时间和精力才能消耗掉皮下脂肪。

▶ 在肌肉量少的状态下做有氧运动，效果欠佳

消除皮下脂肪型肥胖的瓶颈在于多数女性的肌肉量不足。如前文中所提到的，对于长期缺乏运动的人来说，最好的办法就是先通过力量训练增加肌肉量。

我在作为健身教练指导想要减脂的学员运动时，最初制订的运动计划主要**以下半身的力量训练为主**。而有氧运动只作为热身活动，做5～15分钟。

以下半身的力量训练为主的原因是**臀部和腿部**有大块的肌肉群，通过力量训练活动大块的肌肉群，可以达到高效的增肌效果。

我建议减脂人群制订前期运动计划时也以力量训练为主，达到增肌效果后，再加入适量的有氧运动。有些肌肉力量不足的人在前期的增肌阶段可能需要花费半年以上的时间。

在进行有氧运动时，需要注意运动强度。如果怀着遛弯

儿的心态悠闲漫步，运动强度则过低，无法达到燃烧脂肪的效果。最有效的走路方式是甩起胳膊、迈开腿，大口呼吸，快走起来。

不过需要注意的是，在刚开始进行以减脂为目的的运动时，如果出现体重大幅下降的情况，比如“第一个月体重就下降3千克以上”，那么健身教练可能会跟你说，“这算是减肥失败了”。这是因为**体重突然大幅下降，那么减掉的很可能不仅仅是脂肪，还有肌肉**。若是为了减脂而减掉了肌肉，那就本末倒置了。

事实上，在减脂的时候，需要关注的不是体重，而是通过体脂秤测量出的**体脂率**。若是在体脂率没有降低的情况下体重却下降了，那就说明减掉的是肌肉。

另外，对于体重基数较大的人来说，若是直接选择通过跑步来减脂，则很有可能会使膝关节受伤。这是因为在体重基数大、肌肉力量不足的情况下跑步，会给膝关节带来巨大的冲击。因此，体重基数大的人在开始减重的前2～3个月，可以先通过调整饮食和增加力量训练的方式减重。在肌肉力量增强后，再主要进行有氧运动。

此外，如果想要提高减脂效果，一天内要先做力量训练，再做有氧运动，这样可以更有效地燃烧脂肪。因为力量训练可以促进身体分泌加速脂肪分解的肾上腺素和生长激素，再做有氧运动时就能事半功倍。

我会在后文介绍针对皮下脂肪型肥胖的运动方法。同时，我也会介绍脚踏矮凳训练，即“上下台阶运动”，是只需利用矮凳就可以将下半身力量训练和有氧运动相结合的训练方法，在家里就能自主练习，不会受到天气因素的影响。若是家中没有矮凳，也可以选择台阶等有高度差的物体。

针对下半身的力量训练，不仅可以强化臀部和大腿外侧的大块肌肉群，还可以锻炼大腿内侧。很多女性大腿内侧的肌肉力量薄弱，若此处的肌肉能够得到锻炼，那么对矫正体态也很有益处。

下半身力量训练

1. 提臀（双脚） 臀部 低强度

①

平躺后屈膝。一边慢数 4 秒，一边利用大腿内侧和臀部肌肉，抬起臀部。

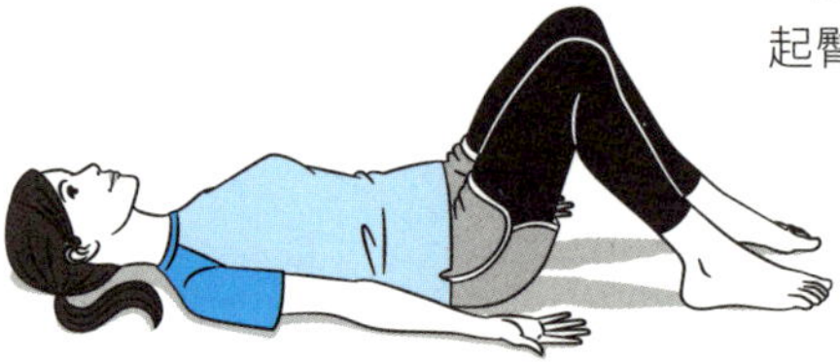

②

让躯干和大腿保持一条直线，然后再一边慢数 4 秒，一边慢慢放下臀部。

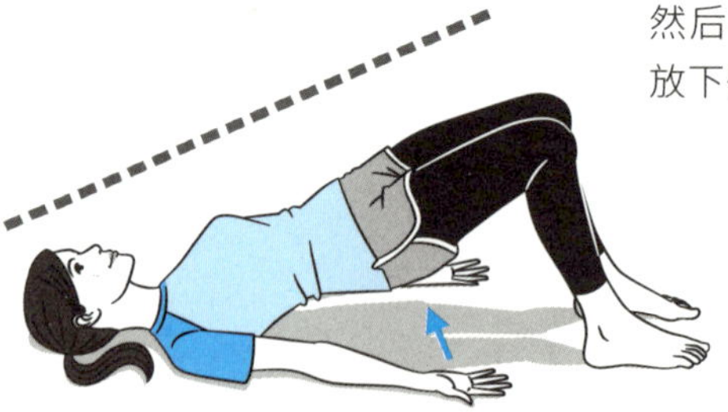

20次×2组

2. 提臀（单脚）臀部 低强度

①

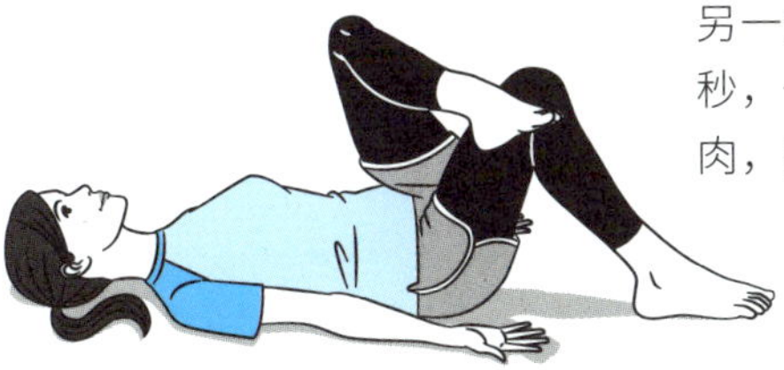

平躺后屈膝，将一只脚放在另一条腿的膝盖上。一边慢数 4 秒，一边利用大腿内侧和臀部肌肉，抬起臀部。

②

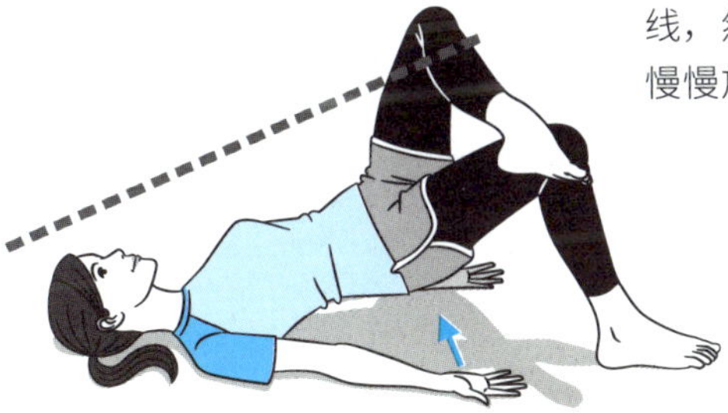

让躯干和支撑腿保持一条直线，然后再一边慢数 4 秒，一边慢慢放下臀部。

左右各20次×2组

3．内收 大腿内侧 低强度

①

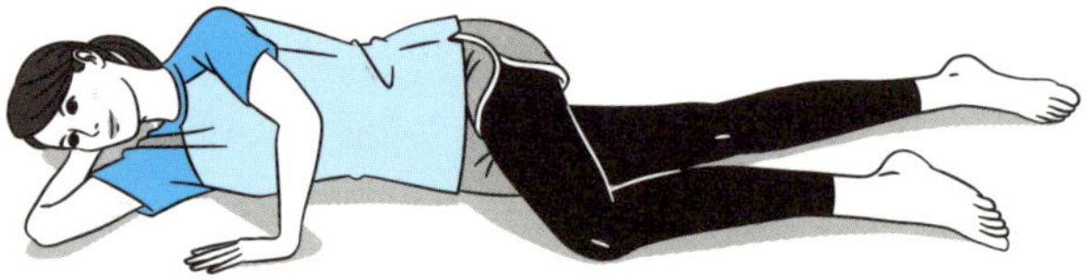

侧躺，将上侧的腿屈膝至于体前，同侧的手掌撑在地面上，保持身体平衡。一边慢数 4 秒，一边使下侧的大腿内侧肌肉发力，慢慢向上抬起。

②

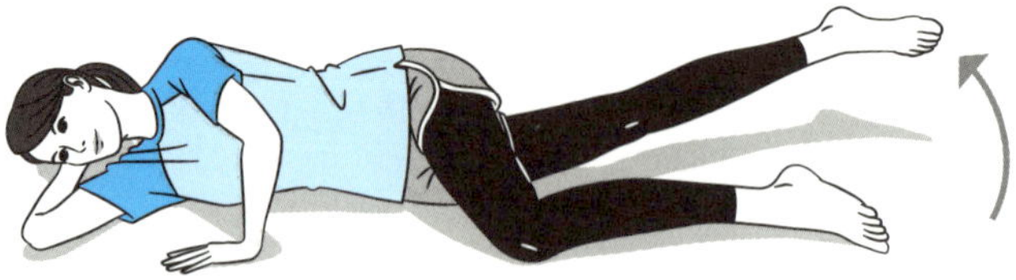

下侧的腿尽可能往上抬，然后再慢数 4 秒，慢慢放下。

左右各20次×2组

4. 手扶工作台深蹲 大腿整体 低强度

①

将手放在工作台或桌子上，双脚分开超过肩宽。肩部放松，挺直背部，像要往下坐在椅子上一样，腰部下沉。

②

保持背部挺直，一边慢数 4 秒，一边慢慢站起。然后再一边慢数 4 秒，一边下蹲。

20次×2组

5. 手扶椅子单腿深蹲 **大腿整体** 高强度

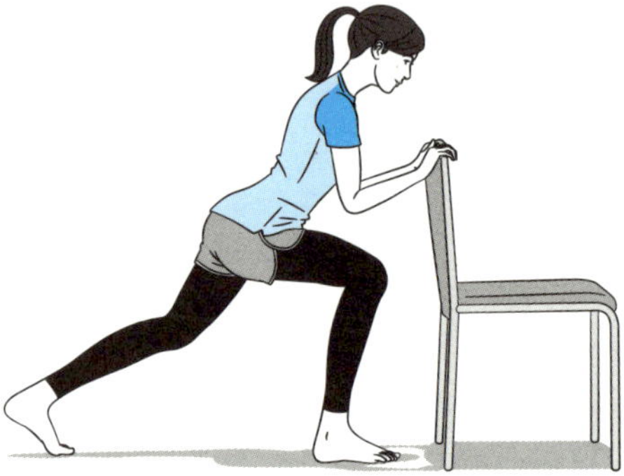

①

站在椅子后方，双手扶在椅背上。一只脚向后伸出一大步，上半身呈前倾姿势。重心放在前腿上。

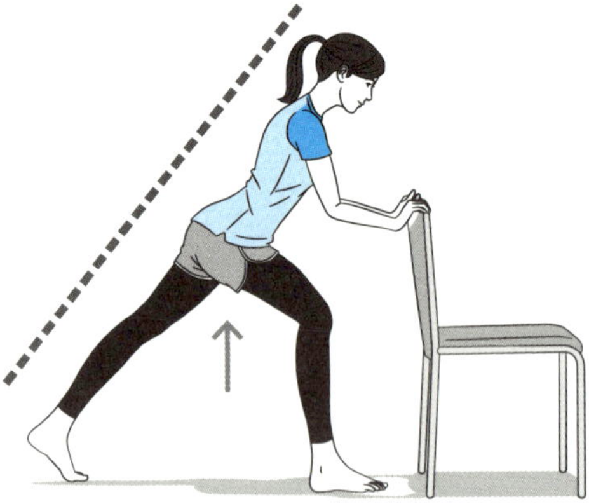

②

保持重心在前腿上，慢数 4 秒，伸直后腿，抬起腰部。然后再慢数 4 秒恢复至步骤①的姿势。

左右各20次×2组

脚踏矮凳训练

1. 基础训练 有氧运动 低强度

①

站立在矮凳前，一只脚先踏上去。

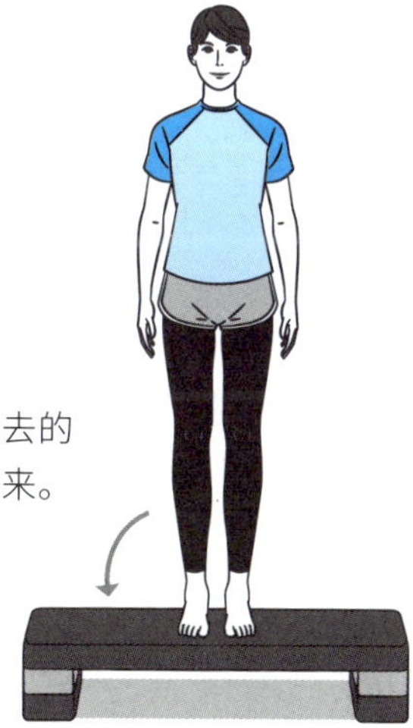

②

另一只脚也踏上去。下去时，先踏上去的脚先下来。1 秒钟上去，1 秒钟下去。

每 30 秒换脚先踏上矮凳。

连续做15分钟

2. 基础训练&抬脚运动 有氧运动 高强度

①

站立在矮凳前，一只脚先踏上去。

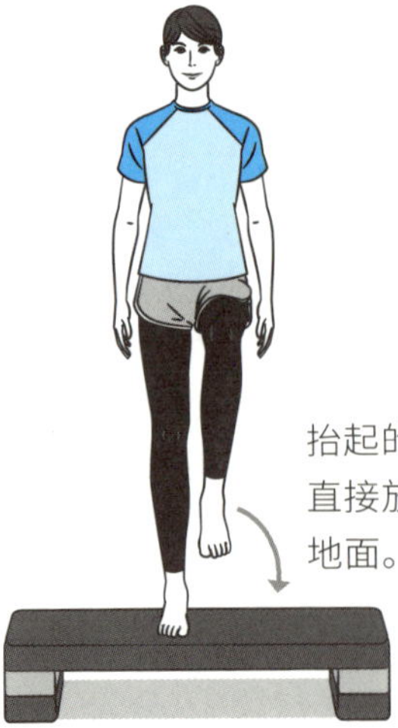

②

另一只脚向上抬起后，直接放回地面，然后先踏上去的脚也从矮凳上下来。1秒钟抬腿，1秒钟放下。

每轮动作完成后，换脚先踏上矮凳。

连续做15分钟

3．跨越运动 有氧运动 高强度

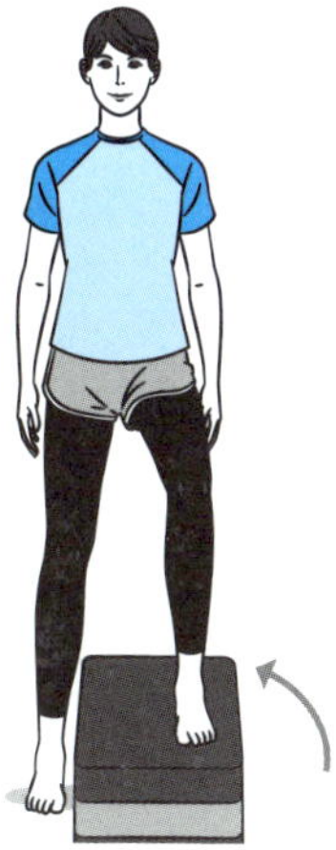

①

跨立在矮凳两侧，一只脚先踏上去。

②

另一只脚也踏上去。下去时，先踏上去的脚先下来，另一只脚再下来。1 秒钟上去，1 秒钟下去。

每 30 秒换脚先踏上矮凳。

连续做15分钟

4. 跨越运动&抬脚运动 有氧运动 高强度

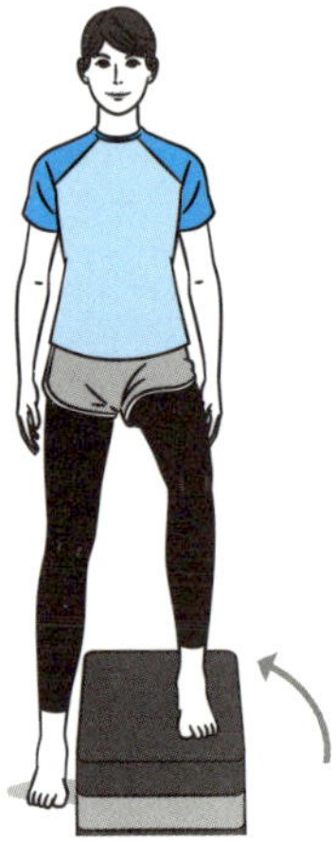

①

跨立在矮凳的两侧，一只脚先踏上去。

②

另一只脚向上抬起后，直接放回地面，然后第一只脚也从矮凳上下来。1 秒钟抬腿，1 秒钟下来。

每轮动作完成后，换另一只脚先踏上去。

连续做15分钟

苗条的人更需要增肌来维持健康

我一直强调，对于减肥的人来说，力量训练和有氧运动都非常重要。

如今，很多女性都有“身材焦虑”，认为肥胖会遭到其他人的嘲笑，因此希望身材变得更好。这部分女性可能会认为“运动=减肥”。我身边大多数女性也都是为了减肥才想要运动。

反之，身材苗条的女性则会认定“**我不胖，不运动也没关系**”，那么问题就来了。

其实相对于欧美国家的女性，亚洲女性苗条的比例更高。大概是因为很多亚洲女性都是不易发胖的体质，但同时也是不易增肌的体质。

那么深信“自己不需要运动”的苗条女性，若是随着年龄的增长始终缺乏运动的话，会面临哪些问题呢？

我在前文中提到过，30岁以后，人体的肌肉量就会以平均每年1%的速度减少。如果身体的肌肉含量本来就很少，一旦逐年减少，就可能会罹患**运动障碍综合征**，造成站立、步行等基础动作都无法完成，甚至可能会进一步导致瘫痪。

▶ 明明不胖，却总觉得自己很胖

我在做健身教练时，也遇到过很多女性，明明她们的身材在我们这些教练的标准里一点都不胖，可是她们却总觉得自己很胖。这部分女性，无论别人和她说多少次“你一点都不胖啊”，她们都听不进去。

而且有些人为了达到目的，往往不通过运动等健康的方式去减肥，而是选择过度节食。这种做法的后果是，她们减掉的除了脂肪，还有身上本就较少的肌肉，反而加大了罹患运动障碍综合征的风险。关于这一点，我会在第26页进一步说明。

除此之外，过度节食还会导致**骨质疏松症**，骨骼变得疏松，骨折的风险也会随之加大。很多人认为骨质疏松症是老年人的常见病，但事实上年轻人也需要注意。女性在怀孕、生产、哺乳期间，因骨密度下降而造成骨折的情况十分常见。

除了通过摄取含有大量钙和维生素的食物来预防骨质疏松症外，做一些能给骨骼带来刺激的运动也是必不可少的。

▶ 增肌的“三大原则”

其实，身材苗条的女性更需要通过力量训练增肌。但是，她们往往是很难增肌的体质。

相对于男性，女性本来就不容易增肌。这是因为**雄性激素**在肌肉纤维增粗的过程中发挥着极其重要的作用。因此，对于雄性激素分泌不多的女性来说，即使做了力量训练，增肌的效果也会大打折扣。

因此，女性若希望通过运动来增肌，需要详细了解增肌的原理。

专业的增肌训练有3个原则：

1．加量负重原则

2．循序渐进原则

3．持之以恒原则

首先，“**加量负重原则**”是指承受比日常生活中更大的负重，以此刺激肌肉的形成。比如，有些商务人士每天通勤带着的电脑包重3千克左右，因此如果他用只有500克重的哑铃去锻炼上臂肌肉的话，就会毫无效果。此外，尝试用“每天多走一站地”训练方法的人，若在步行时一直保持和平时一样的节奏和速度，也很难达到增肌的效果。

人的身体在做同样的动作时，为了提高效率，会尽量减少能量消耗。因此，在做力量训练时所承受的负重和日常生活中的活动强度相当，是无法达到增肌效果的。即使做有氧运动，若运动强度始终不变，也会收效甚微。

总坐电梯的人，如果开始走楼梯上下楼，那么在初始阶段，肌肉会有所增长，心肺功能也会增强。但是持续一段时间后，当走楼梯成为日常生活的一部分，身体会逐渐适应，训练强度和身体负重会渐渐不足，肌肉就不会再继续增长了。

其次，“**循序渐进原则**”是指逐渐加大负重才能达到增肌的目的。在肌肉逐渐增加的过程中，如果对之前的训练强度感到比较轻松了，这就说明训练者的体力和肌肉力量都得到了加强。同时，如果想要更好的增肌效果，可以进一步加大运动强度。

但需要注意的是，过度增加运动强度会有受伤的风险。但如果强度增加得不够，则有可能无法满足循序渐进原则，因此，建议寻求专业人士的帮助。

“**持之以恒原则**”是指只有坚持运动，才会有成效。切不可运动一次就放弃，一定要把运动变成习惯。因此，选择一个能够让自己开心的运动项目非常重要。

如果目前做的运动让人不开心，就很难坚持下去，这是人之常情。因此，在运动强度适中的前提下，选择一个让自己心情舒畅的运动项目是再好不过的了，骑单车、跳舞等都可以。

此外还有一点非常重要，就是不要从一开始就勉强自己。

当日常缺乏运动的人刚开始做运动时，可能会出现运动过度、受伤等状况。过分勉强自己反而更难坚持下去。

但是如果从一开始就告诉自己“只坚持3天”，可能会更容易坚持下去。比如，给自己规定运动3天后就休息1天，这样可以更轻松地把运动逐渐转化为一种习惯。

大家毕竟不是专业的运动员，即便遇到因为工作太忙而无法运动的状况，也无须自责。

坚持运动的秘诀，就是不要过于执着于“坚持”。

年轻人是运动障碍综合征的潜在患者

运动障碍综合征的症状是什么？

腰腿功能减退，逐渐丧失自理能力。

适合做什么样的运动呢？

可以增加下半身肌肉力量的运动，有针对性地锻炼爆发力和平衡力。

运动障碍综合征是指随着关节、骨骼、肌肉等运动器官的衰退，日常生活逐渐不能自理的病症。

人体肌肉的流失会使动作变得迟缓。正是由于这个原因，很多老年人摔倒后很容易骨折，从而不得不住院卧床治疗。而卧床休养的时间越长，肌肉就会流失得越多、越快，因此陷入恶性循环。

据统计，日本约有4 700万名运动障碍综合征患者和潜在患者，因此可以说运动障碍综合征是一种常见的病症。

越来越多的年轻人成为运动障碍综合征潜在患者的原因不

仅仅是缺乏运动习惯，也和大家在日常生活中活动身体的机会在逐渐减少有密切关系。

如今，交通工具越来越便利，高楼里大多都安装了电梯，并且随着网购和外卖服务的蓬勃发展，人们连出门的机会也随之减少。

在生活越来越便利的当下，若不采取任何对策，人体肌肉流失将会成为无法逆转的事实。

▶ 你能坐在椅子上，然后单脚起立吗

如果你想知道自己离运动障碍综合征有多远，不妨利用高40厘米左右的椅子做一个小测试。

首先坐在椅子上，将双臂在胸前交叉，一条腿抬起并完全伸直。在不使用反作用力的情况下，试着只用另一条腿站立起来。站立起来后，保持3秒身体不摇晃。

如果你不能站立起来，或是起来之后身体摇晃，抬起的腿不得不尽快落地保持平衡，那你很有可能是运动障碍综合征的潜在患者。

有人会觉得这个动作听起来非常简单，但亲身尝试之后就会发现它其实很难。一些20多岁的女性，若是肌肉力量不足，都有可能无法单脚站起来。

如果发现自己是运动障碍综合征的潜在患者，可以尝试做从下一页开始介绍的运动障碍综合征对策训练。

运动障碍综合征的对策训练，并非只是单纯的增肌训练，还可以同时提高人体利用各部位肌肉来活动身体的必要能力。

尤其一些针对下半身的训练，对预防运动障碍综合征非常有效。腰、腿是身体的根基，只有下半身拥有足够的肌肉，才能平稳地完成站立、行走等基本动作。

除此之外，也需要做其他的训练。比如，提高“瞬间爆发力”的训练，利用反作用力来移动身体，下楼梯时双腿能够稳稳落地，以及单脚站立时能够保持平衡等训练。

若是担心自己会成为运动障碍综合征的患者，一定要坚持进行接下来介绍的相关训练，全面提高身体必要的各种能力，这样远离运动障碍综合征便并非难事了。

运动障碍综合征对策训练

1. 利用椅子缓慢下蹲 大腿整体 低强度

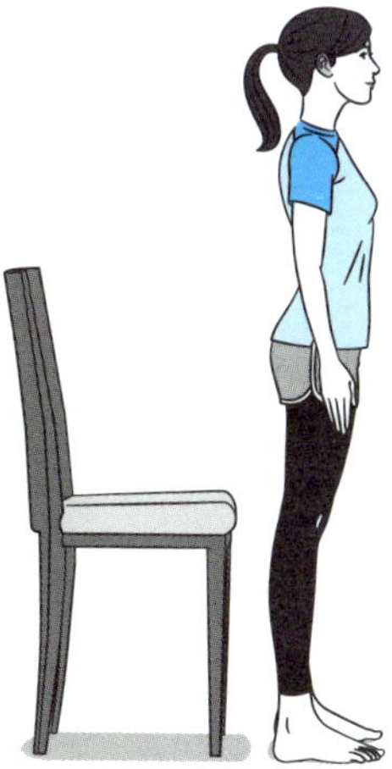

①

站在椅子前方，双脚分开，与肩同宽。一边慢数8秒，一边使上半身略微前倾，臀部慢慢向后向下。

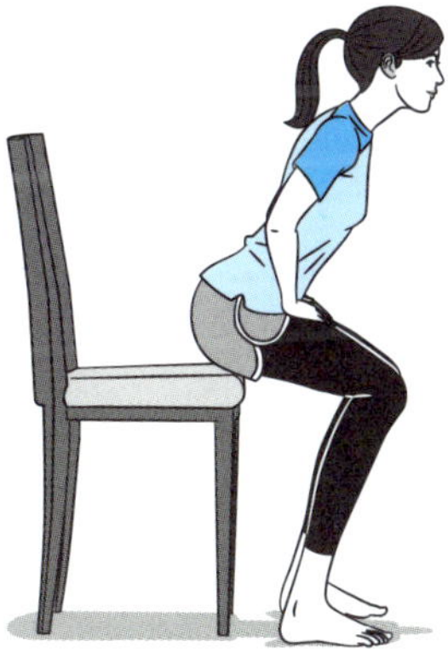

②

膝部弯曲，不要超过脚尖。臀部轻轻触碰椅面，然后再一边慢数8秒，一边起身站直。

20次×2组

2. 利用椅子进行反作用力下蹲 瞬间爆发力训练 低强度

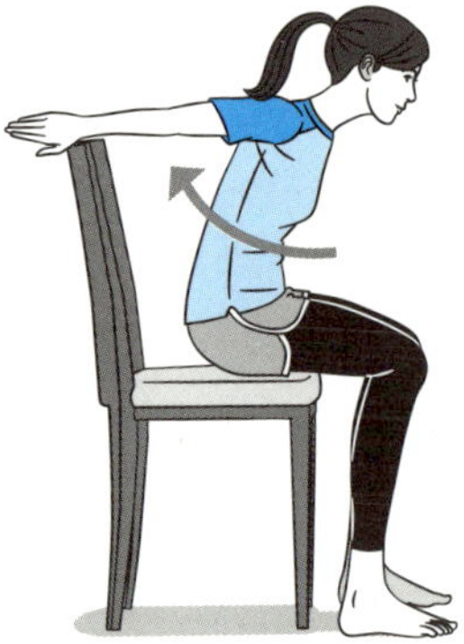

①

坐在椅子的 1/2 处，双脚分开，与肩同宽。身体略微前倾，双臂放在身后。

* 若坐在有椅背的椅子上，双臂向后时可放在椅背两侧。

②

双臂迅速向前挥，利用反作用力使臀部迅速离开椅子，然后站直。

20次×2组

3. 慢速弓步蹲 大腿整体 高强度

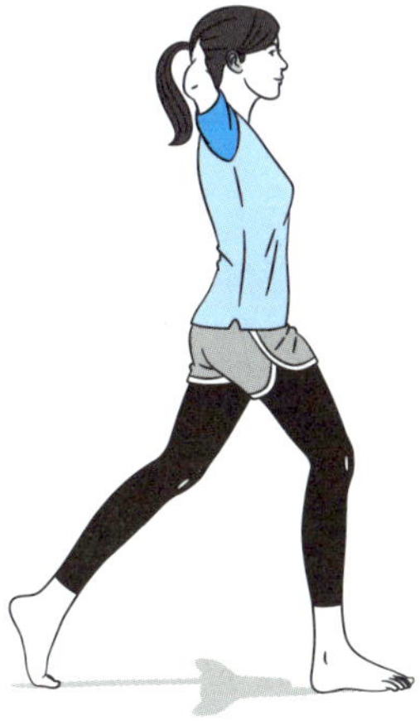

①

一只脚向前迈出一大步，双手交叉放在头部后面。在胸部扩展的状态下，一边慢数 8 秒，一边慢慢下蹲。

②

下蹲至前大腿与地面平行。然后再一边慢数 8 秒，一边站起来。

左右各20次×2组

4. 利用反作用力的前弓步蹲&后弓步蹲

大腿整体及瞬间爆发力训练 高强度

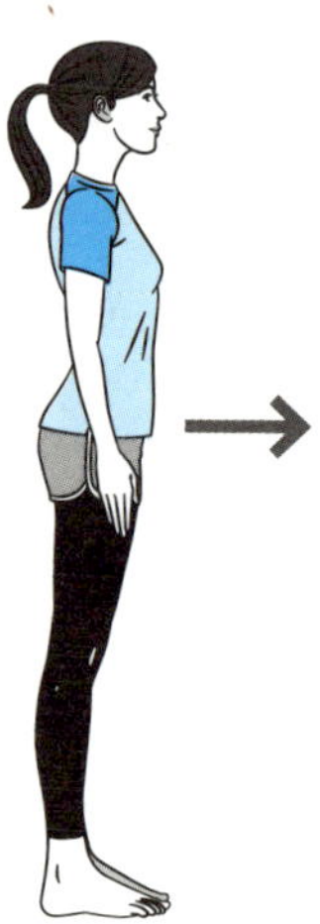

①

笔直站立，双臂自然下垂。准备向前迈步。

②

一只脚向前迈出一大步，并慢慢下蹲。

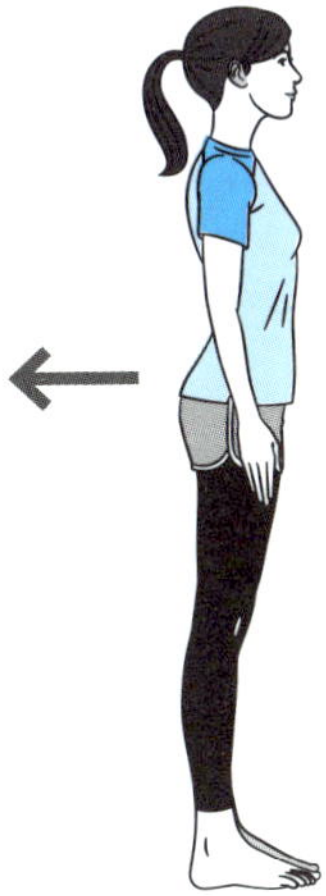

③

利用反作用力，从蹲姿恢复至直立动作。站直后，准备向后迈步。

④

刚刚向前迈出的腿，向后退一大步，并慢慢下蹲。然后再次利用反作用力，恢复站姿。双腿快速交替进行。

20次×2组

5. 平衡力训练 脑部训练 低强度

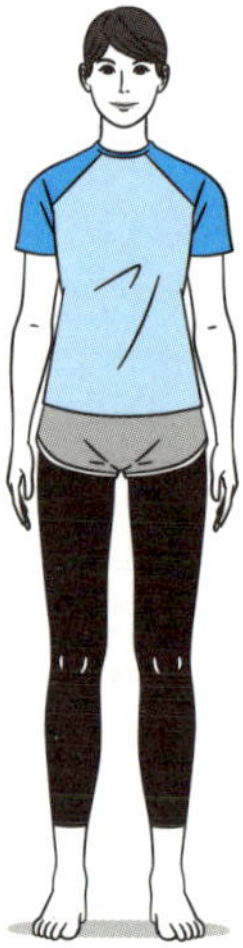

①

双脚分开，与肩同宽，双臂自然下垂，保持笔直站立。

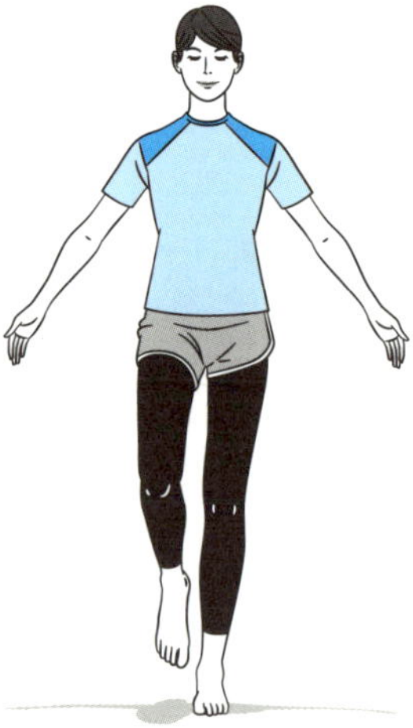

②

抬起一只脚，双臂微微张开，单脚站立，保持 30 秒平衡。如有余力，可闭上双眼。

左右各2组

骨质疏松症

过度节食导致骨质疏松症的病例剧增

骨质疏松症会导致什么？

由于骨密度低，非常容易造成骨折。

适合做什么样的运动呢？

可以做一些能给骨骼带来刺激的训练。

人的身体随着年龄的增长，逐渐减少的不仅有肌肉量，还有**骨量**。尤其是女性在50—55岁绝经后，骨量会大幅度减少。

骨量减少，骨密度就会变低，进而导致骨质疏松症。骨质疏松症患者会出现**驼背、摔倒后容易骨折**等现象。

骨骼与肌肉一样，通过运动受到一定程度的刺激后，骨密度就会增加，骨骼也会变得坚硬。比如，轻跳就是一种能给骨骼带来一定刺激的训练，可以有效预防骨质疏松症。

但是我在这里要特别提醒那些年纪轻轻就患有骨质疏松症的女性。**有些人十几岁时因过度节食导致骨密度下降，那么她们在怀孕、生孩子后很容易罹患骨质疏松症**。

这是因为母体在孕期会通过胎盘将钙输送给胎儿，哺乳期则会通过母乳将钙提供给婴儿。在这些过程中，母体就容易出现缺钙的现象。也就是说，原本骨密度就较低的女性，经过怀孕、生产、哺乳，骨密度会变得更低，进而导致罹患骨质疏松症。这也是为什么哺乳期的女性因脊柱骨折而被紧急送医院治疗的案例并不少见。

尤其那些有过度节食经历或是从来不运动的女性，即便只有二三十岁，骨密度都很有可能非常低。如果有类似经历，请及时去医院检查或在体检时检测一下自己的骨密度。

因此，为了预防骨质疏松，年轻时就要通过饮食摄取骨骼所必需的钙、维生素D、维生素K等，并同时通过运动给骨骼一定的刺激。

另一方面，对于已经罹患骨质疏松症的人，最重要的是做好预防骨折的准备。若是被医生诊断为骨质疏松症并被要求通过药物治疗，那么就一定要严格遵循医嘱，并通过饮食、运动等方式辅助治疗。

我会在后文介绍骨质疏松症的对策训练，其中便有能够给予骨骼一定刺激的轻跳动作。

普通的力量训练只能给肌肉带来刺激，而跳跃类动作则可以有效刺激骨骼。

但是对于年纪稍长的女性而言，跳跃动作可能会伤及膝关节。因此，我在训练方法中做了一些小调整，以减少对于关节的损伤。

另外，我要再一次强调，已经被诊断为骨质疏松症的人，一定要在严格遵循医嘱的基础上做训练。

骨质疏松症对策训练

1. 下蹲步行

将一只脚向前迈出一大步，身体下蹲，然后保持半蹲，继续前行。

* 这样可以给予骨骼一定的刺激。平时就有散步习惯的人，也可以在散步途中加入这种下蹲步行的行走方式。

连续做15分钟

2. 深蹲跳跃

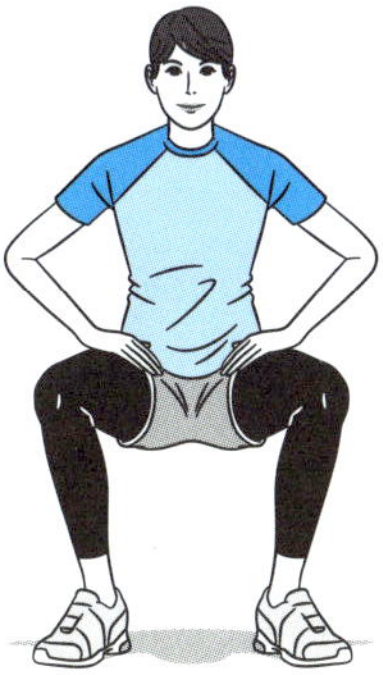

①

双脚分开，脚尖向外，然后慢慢下蹲。

②

向上跳跃，双腿合并，屈膝着地，然后站直。

20次×2组

3.弓步蹲跳跃

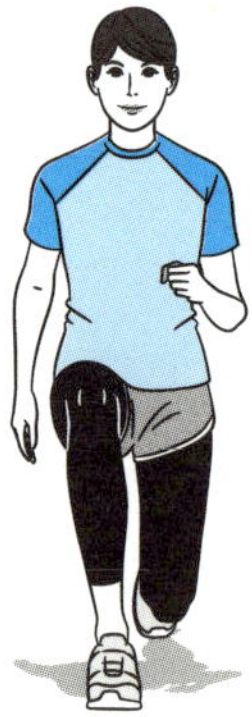

①

一只脚向前迈出一大步，然后慢慢下蹲。

②

向上跳跃，双腿合并，屈膝着地，然后站直。

左右各20次×2组

“清淡饮食”和“节食”健康吗

不少女性都曾为了减肥尝试“清淡饮食”或“节食”，这不失为一种好方法。

但如果是极端的只吃蔬菜的“清淡饮食”或“节食”，就会出现营养不良等各种问题，因此需要多加注意。

当然，如果因为每天摄取的热量过多造成体重增加，并因此出现了健康问题的人，则需要严格控制每天摄取的热量。前提是要听从医嘱，且有营养师提供正确的营养摄取指导。有些人**自行控制热量的摄取，非常容易造成营养不良**。

▶ “清淡饮食”未必健康

有很多人为了控制摄取的热量，会认为以蔬菜为主的“清淡饮食”对身体十分有益。因为蔬菜中含有丰富的维生素、矿物质和膳食纤维，所以它本身确实很健康。但是如果长时间持续这种清淡饮食，身体会出现什么变化呢？

人体每天会消耗7 524～8 360千焦的能量来维持身体的基本机能。如果无法通过饮食摄取足够的能量，身体就会消耗体内储存的物质作为补充。

如果作为补充的能量全部都来源于身体内积蓄的脂肪是最理想的状态，然而事实却难如人愿。人体内有一种“**糖异生**”机制，其原理是通过分解蛋白质来产生新的葡萄糖。在营养学中被称为“体内蛋白质分解”。糖异生机制会最先作用于能够消耗大量热量的肌肉。因此，身体为了使大脑功能、内脏功能正常运转，会最先分解肌肉。

此外，为了让肌肉保持正常的功能，需要钙等矿物质。如果通过饮食无法摄取足够的钙，身体就会分解骨骼里的钙进行补充。

由此可见，长期的清淡饮食会导致肌肉量和骨量的减少。

▶ 只摄取维生素、矿物质和膳食纤维一定会造成营养不良

为了身体的健康，必须要均衡地摄取“五大营养素”，即**蛋白质、碳水化合物、脂肪、维生素、矿物质**。

蛋白质是组成人体细胞的重要成分，1克蛋白质在体内完全

五大营养素

蛋白质	组成人体一切细胞、组织的重要成分，如肌肉、内脏、血液、骨骼、皮肤、毛发等。从食物中摄取的蛋白质会在体内分解成氨基酸。	16.72 千焦 / 克
碳水化合物	是糖类和纤维素的结合体。糖类是维持身体活动的重要能量来源。纤维素不会被消化酶分解，因此无法被人体吸收。	16.72 千焦 / 克
脂肪	脂肪是人体重要的产能营养素和储能物质。含有身体无法自身生成的必需脂肪酸，还能帮助身体吸收脂溶性维生素（维生素 A、维生素 D、维生素 E、维生素 K 等）。	37.62 千焦 / 克
维生素	是维持身体机能必要的营养素，在帮助蛋白质、碳水化合物、脂肪吸收代谢的过程中，发挥着不可或缺的作用。分为水溶性维生素和脂溶性维生素两种。	不含热量
矿物质	和维生素一样，也是维持身体机能必要的营养素。但是如果过量摄入会有副作用，因此，各个国家的营养学会一般会根据本国人体质规定具体的适宜摄入量。	不含热量

此三种被称为**三大营养素**

分解可以释放16.72千焦热量。

碳水化合物是**糖类**和**纤维素**的结合体，是维持生命活动重要的热量来源。与蛋白质相同，1克碳水化合物在体内完全分解可以释放16.72千焦热量。

脂肪是人体重要的产能营养素和储能物质。1克脂肪在体内完全分解可以释放37.62千焦热量，是很好的热量供给来源。

蛋白质、碳水化合物、脂肪被称为“三大营养素”。

维生素和矿物质，能够有效地促进三大营养素的吸收和代谢，维持身体机能的正常运行，但其本身却不为人体提供热量。

很多人认为大量摄入维生素和矿物质一定有益健康。但是，如果构成肌肉、内脏器官并为身体提供热量的三大营养素摄入不足，那么无论摄入多少维生素和矿物质，都不能保证构成人体的细胞健康生长并维持正常的功能。

除此之外，也有很多人认为，蔬菜中的膳食纤维丰富，大量摄入蔬菜一定有益身心。然而，和维生素、矿物质一样，如果三大营养素摄入不足，那么无论摄入多少膳食纤维对身体健康都见效甚微。

当然，也有很多素食主义者过着非常健康的饮食生活。这是因为虽然素食主义者只吃素食，但是他们大多会通过摄入大豆或谷物来获取足够的蛋白质，以此均衡地摄入五大营养素。因此，只要不过度摄入热量，这部分素食主义者同样也能保证饮食生活营养丰富。

▶ 节食容易造成反弹

节食也是我们需要注意的饮食方式。有些人在节食两三天后，体重可能会减轻几千克，便误以为自己减肥成功了，其实不然。因为导致掉秤的可能并不是体内的脂肪在减少，而是肠道内的大便排出或是从食物中摄入的水分在流失。

如果持续节食数日，身体就会进入“饥饿状态”，一旦恢复饮食，便会变得更加容易囤积脂肪。也就是说，节食人群一旦停止节食就很容易变成“易反弹”体质，如果稍不注意，体重就会恢复，甚至比之前更高。

有人可能会觉得节食后，思维变得敏锐起来。这种精神层面上的变化，我无法予以否定。

但是，如果对于节食过于依赖而频繁节食或极端节食，导致体重反复增减，则会给身体带来巨大负担，请一定要注意。

▶ 小心贫血

因过度减肥而瘦下来的人，稍一运动就会气喘吁吁，这可能是贫血的症状。

血液中的血红蛋白是一种含铁的蛋白质，负责在体内运输氧气。如果身体缺铁的话，血红蛋白就无法正常工作，氧气便不能被运输到身体的各个部位，从而引起贫血，自然就会影响身体运动。

在妊娠期间，孕妇体内的铁会优先供给胎儿，因此也容易出现贫血。

此外，月经期间的出血量过多也有可能会导致贫血。尤其在过度节食的情况下，即便月经的出血量正常，也容易出现贫血现象。

若觉得自己有可能贫血，千万不要勉强运动，要立刻到医院接受检查。可以先通过改善饮食、服用营养补剂等方式补铁，等贫血症状得到改善后，再恢复运动。

当然，仅仅补铁是不够的，更重要的是坚持长期均衡地摄入五大营养素。为了身体能够正常地生成血红蛋白，铁和蛋白质的供给都很重要。

因此，最关键的是保证能够通过饮食均衡地摄入各种营养，然后在此基础之上，通过运动解决其他不适。

仅做瑜伽算是做运动吗

前文中提到，很多女性都面临着肌肉力量不足的问题，而且有不少女性几乎从未做过任何力量训练。

但是近年来，女性群体中掀起了锻炼马甲线、“蜜桃”臀的热潮。

媒体在这个热潮的形成上发挥了举足轻重的作用。当看到电视、杂志中的女明星、女模特通过力量训练拥有紧致的身材并成为热点时，很多普通女性可能也会因向往而开始出入健身房。

在我看来，这是一件好事。

过去，很多女性普遍认为做力量训练会使浑身长肌肉，不符合自己的审美。但女性的想法逐渐发生了变化，开始认为“有肌肉的女性同样美丽”。

我以前在健身房里碰到最多的情况是，男性大多在做力量训练，女性多数是为了减肥在做有氧运动。而近年来在健身房中，可以看到越来越多的女性开始利用器械进行力量训练、锻炼肌肉。

但是我也注意到女性在进行力量训练时的负重比较低，并不能起到增肌效果，或是用错误的姿势抬举杠铃导致自己腰部受伤。

因此，我建议之前没有健身经验的女性可以通过专业健身教练的指导获得更有效的训练。

▶ 瑜伽并不能帮助增肌

瑜伽，是健身房中非常受女性欢迎的项目。

如果问身边的女性朋友："你有定期在做运动吗？"可能会意外地发现很多女性都会回答："在做瑜伽。"

的确，很多人都会觉得瑜伽也是一种运动。然而，我却认为若是为了健康而运动，只做瑜伽的运动强度是不够的。

瑜伽是一边将意识放在呼吸上，一边通过各种姿势拉伸全身肌肉的运动。

在提高身体的柔韧性、修炼内心方面，瑜伽具有非常好的效果。而且在某种程度上，瑜伽还能促进血液循环。

但是，瑜伽却不能完全代替力量训练和有氧运动。

就像前文中提到的，为了减肥或预防运动障碍综合征、骨质疏松症，力量训练非常重要。仅仅通过瑜伽很难给予肌肉足够的刺激，达到增肌的效果。

当然，瑜伽的种类众多，其中也有不少动作能够锻炼肌肉。但是，从健身教练的角度来看，我认为如果要增肌，力量训练是最高效的。

力量训练、慢跑、瑜伽都不能过度

为避免误会，我想强调一下我的观点，我并非在否定瑜伽。

做瑜伽可以帮助人们有效缓解工作中的焦虑和压力，并提高专注力。

据报道，日本男子橄榄球国家代表队就把瑜伽纳入了日常训练。每天接受辛苦训练的运动员们，通过瑜伽能够直面自己的内心世界，从而调整心态、提高表现力，同时还有助于预防意外受伤。

作为一名健身教练，我认为对于大多数非职业运动员的普通人来说，做运动的目的是强身健体，那么最理想的方式就是一周两次力量训练和有氧运动相结合，另外再加上一次瑜伽。这样结合训练的话，就可以均衡地保证身心健康。

不过，可能有人会对此提出异议，认为“不，只做瑜伽就能变得非常健康”，并且过度频繁地练习瑜伽。但是需要注意的是，过度练习瑜伽也可能会造成伤害。

瑜伽是以骨盆为中心活动四肢的运动。若肌肉力量不足的人过度练习瑜伽，很可能会使骨盆周围肌肉的韧性受损，也可能会让脊柱和髋关节变得不稳定。

运动过度的危害，不仅存在于瑜伽中。无论是力量训练还是有氧运动，只要过度，都会对身体造成伤害。

有的人过度进行力量训练会腰疼，有的人过度跑步会造成髋关节疼痛或膝关节疼痛。

有运动习惯的女性不在多数。然而，过度运动的人中，占比更高的却是女性。

女性的过度运动与过度节食减肥都会对身体造成严重影响，持续过度摄入某种健康的食品并不能让身体长期保持健康。

为了健康，无论是饮食还是运动，都要掌握好限度。各位女性朋友一定要学会量力而行。

专栏

“小腹肥胖”的女性要小心子宫肌瘤和卵巢囊肿

女性常见的肥胖类型多为“皮下脂肪型肥胖”，脂肪堆积于下半身。而男性常见的肥胖类型多为“内脏脂肪型肥胖”，脂肪堆积于腹部。

但是如果女性只有“小腹肥胖”，那么有可能患有子宫肌瘤或卵巢囊肿。

大部分子宫肌瘤和卵巢囊肿属于良性肿瘤，虽然不会致命，却会给女性带来月经失调等困扰。

子宫肌瘤患者如果没有特别的症状，只需要日常多观察注意即可。但如果出现影响日常生活的症状，比如因月经量过多而导致贫血，则需要进行手术治疗。而卵巢囊肿患者，即便没有任何症状，若已经出现小腹肥胖，则一般都需要手术治疗。

这两种疾病都是女性常见病，因此如果感觉自己小腹肥胖，建议及时到妇科门诊接受检查。

第 2 章

通过运动消除疼痛，预防疾病

肩痛

按摩不能从根本上解决问题

肩痛有什么症状？

肩部和颈部周围的肌肉疼痛、肿胀、僵硬。

该做什么样的运动呢？

通过动态拉伸改善血液循环，通过力量训练增加肩颈周围的肌肉力量。

很多女性都深受肩痛之苦。

根据日本厚生劳动省发布的《国民生活基础调查》（2016年）显示，在本人能够感觉到的不适症状中，**“肩痛”是女性在众多不适症状中选出的第一名**，其次分别是“腰痛”“手脚关节疼痛”。

当肩痛严重的时候，你们都是如何应对的呢？

我想很多人会选择按摩。按摩后，血液循环变得通畅起来，疼痛就会有所缓解。但是，不久之后肩痛还会复发。于是只能忍耐，等到实在忍受不了的时候，再去做按摩……如此反

女性能够感觉到的不适症状比例分布

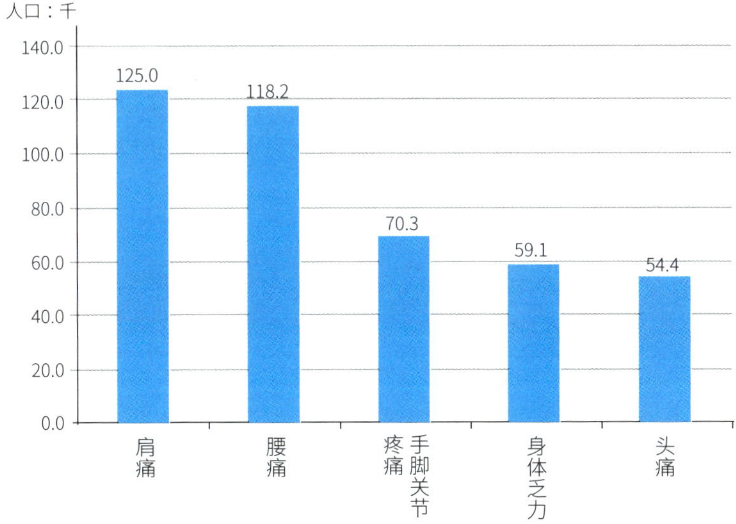

出处：日本厚生劳动省《国民生活基础调查》（2016 年）

复循环。

当肩痛非常严重的时候，应该选择到医院骨科门诊就医，尤其当它发展成剧烈疼痛时，可能已经不是简单的肩痛了，很有可能是“**颈椎间盘突出**”或“**胸廓出口综合征**”导致的。

颈椎间盘突出，是颈椎受到压力，使得椎间盘中的髓核突出压迫神经，从而会使颈部、肩部或手腕感到疼痛、麻木。胸廓出口综合征多见于溜肩的女性，表现为肩部或手腕部的疼痛、麻木。

若是这两种情况，请及时到医院的骨科门诊接受治疗。但是在此之前，你要知道肩痛本身其实是很难根治的。

这其中的原因是什么呢？

肩痛的根本原因

肩痛的根本原因有3点。

1. 血液循环不畅

2. 肌肉力量不足

3. 精神压力过大

我相信很多人在长时间面对电脑办公，或是搬移重物后会肩痛。

如果长时间以同一个姿势对着电脑工作，肌肉就会一直保持紧张的状态，血液循环就会变得不通畅。同理，搬移重物时所使用到的肌肉也一直保持紧张的状态，血液循环也会不通畅。

血液循环不通畅，会使该部分的肌肉无法得到足够的氧气和营养，代谢的废弃物也无法及时排出体外。因此，肌肉就会产生酸痛感。

换言之，肩痛的本质是肩颈周围的肌肉血液循环不通畅。

虽然按摩可以改善血液循环不畅的现象，缓解酸痛感，但这只是暂时的。如果根本原因得不到解决，肩痛还会复发。

对于女性来说，造成肩痛的根本原因是“**肌肉力量不足**”。

当专门用来支撑头部、双臂的肩部肌肉力量变得较弱，而又不得不使用这一部分肌肉时，肌肉就会长期维持在非常紧张的状态，从而使血液循环变得越发不畅。因此，肩痛就会反复出现。

要想从根本上消除肩痛，就必须增加肌肉力量。因此，力量训练自然是最有效的解决办法。

另外，**精神压力过大**也是肩痛的原因之一。压力、烦恼会让肌肉变得紧张，从而引发肩痛。

我曾经指导过奥运会选手的健身训练。那时我发现有的选手每逢大型比赛之前，从头骨延伸至肩膀的斜方肌会非常紧张，因此导致剧烈的肩痛。这就是巨大的精神压力造成的。

同样，职场中的工作压力、社交关系中的烦恼都会成为精神压力，造成自主神经功能紊乱，引发肩痛。关于自主神经功能紊乱我会从第78页开始详细介绍。

▶ 动态拉伸和力量训练可以消除肩痛

做什么样的运动才能缓解长期保持同一姿势所造成的肌肉紧张感，并改善血液循环呢？

提到缓解肌肉的紧张感，很多人的第一想法都是做拉伸运动。

拉伸运动，可以分为“**静态拉伸**”和“**动态拉伸**”。

静态拉伸是指缓慢地拉伸肌肉。而动态拉伸是指以四肢为中心向不同的方向活动身体。

动态拉伸能够有效消除肩痛。因长时间的伏案工作，肌肉在被长时间拉伸的状态下变硬，此时只有动态拉伸才能有效地缓解肌肉的紧张感。

我会在第60页介绍缓解肩痛的动态拉伸的具体做法。通过动态拉伸，反复活动肩胛骨周围的肌肉，改善血液循环，缓解肌肉的紧张感。当你因长时间地伏案工作而深感疲惫时，做这些运动，也可以让大脑清醒起来。

另外，为解决肌肉力量不足的问题，还需要配合进行针对肩部肌肉的力量训练。之后我也会给大家介绍一种用塑料水瓶代替哑铃的力量训练方法。

如果练习的时候感到有些吃力，可以将塑料水瓶中的水倒掉一些，或是换一个小一点的瓶子。

当肌肉力量得到提升，能够将动作做到位之后，长期以来的肩痛问题就能够得到解决。请一定要尝试一下接下来介绍的训练。

如果肩痛是因精神压力导致的，可以先通过运动缓解压力，比如做一些有韵律感的运动，帮助调节情绪。而针对肩痛的动态拉伸也具有缓解紧张情绪的作用。

此外，因精神压力大而失眠的人，可以尝试第84页介绍的“**渐进性肌肉放松法**”，这种训练方法不但可以提高睡眠质量，也可以有效缓解肩痛。

当自主神经功能紊乱的问题得到解决后，由此引发的头痛、肩痛也会随之消失。因此，请不要过于依赖按摩，用自身肌肉的力量去改善肩痛问题吧。

动态拉伸

1. 肩胛骨三角形运动 促进血液循环

①

双手握拳，双臂弯曲，然后向上抬起，再落下（保持双臂弯曲）。

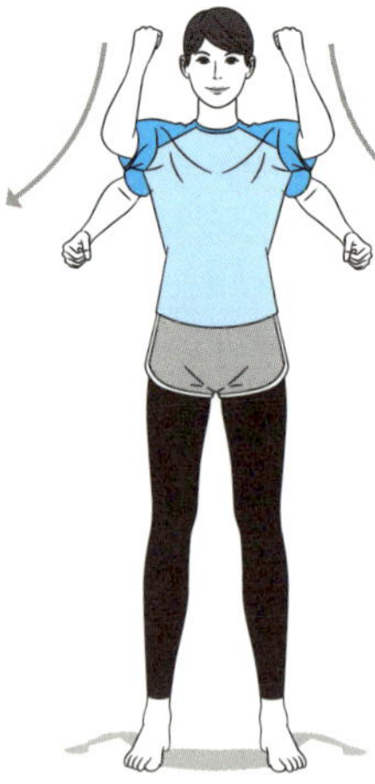

②

双手握拳，双臂弯曲，然后向上抬起，肘部像画“八”字一样，落下的同时向外打开。

20次

2. 肩胛骨圆形运动 促进血液循环

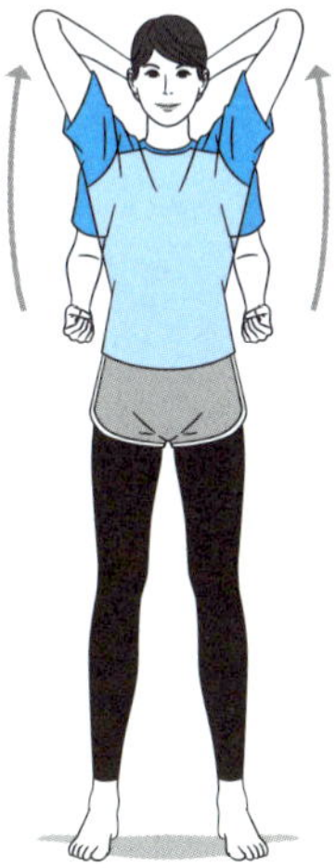

①

双手握拳，双臂弯曲，然后向上抬起，肘部抬至肩胛骨上方。

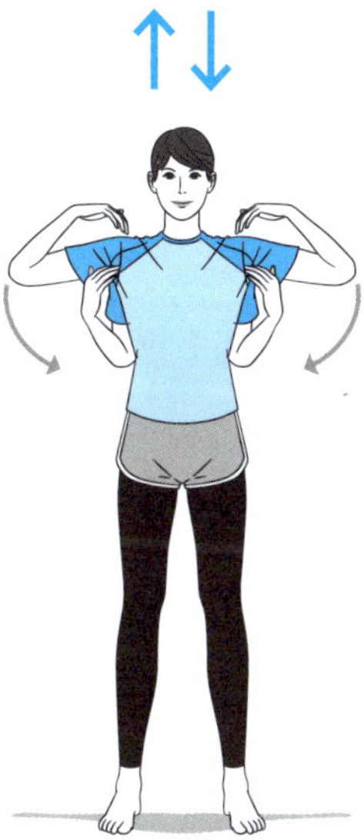

②

双手置于肩胛骨处，做绕肩运动。肘部有节奏地画圆。

20次

3.肩胛骨三角形&圆形运动 促进血液循环

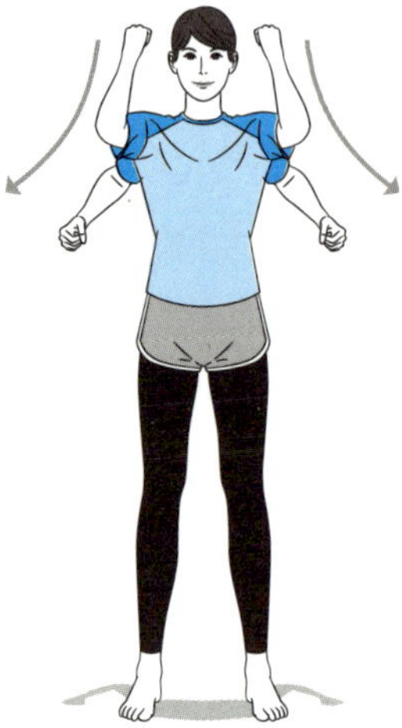

①

双手握拳，双臂弯曲，然后向上抬起，肘部像画“八”字一样，落下的同时向外打开。

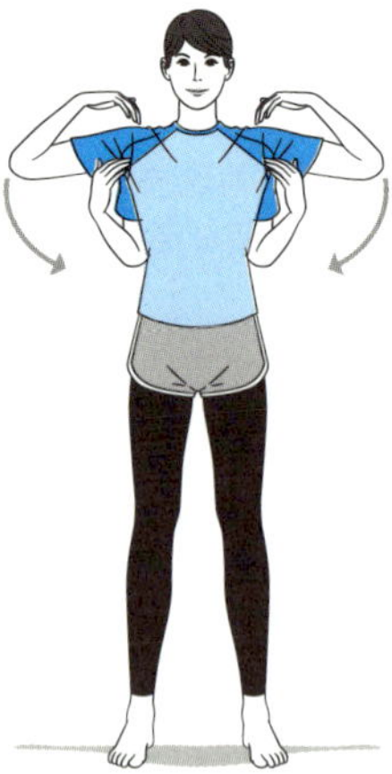

②

双手握拳，双臂弯曲，然后向上抬起，肘部抬至肩胛骨上方。双手置于肩胛骨处，做绕肩运动。肘部有节奏地画圆。

20次

4. 肩胛骨圆周运动 促进血液循环

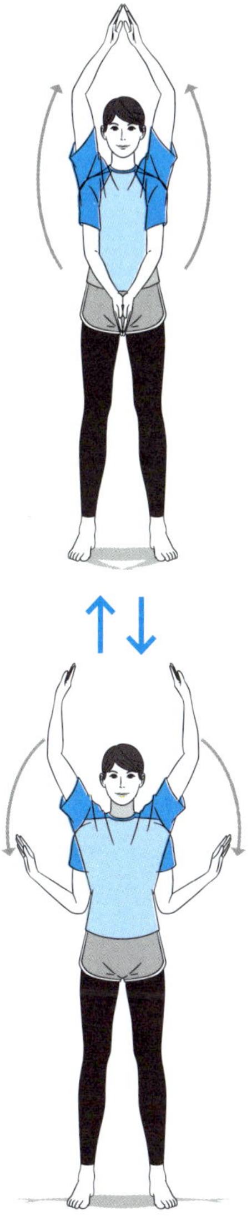

①

双手在身前合并，向上抬起至头顶上方。

②

双手掌心向外，肘部慢慢落下。

20次

5.摆动肘部点头运动 促进血液循环

①

弯曲肘部，双臂在胸前叠放，低头收紧下巴。

②

打开双肘的同时，向上抬头。有节奏地做这两步。

20次

肩部周围肌肉训练

1. 侧面抬起运动 三角肌

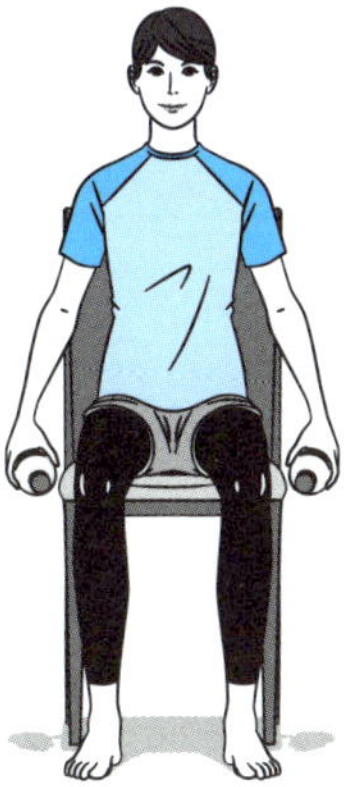

①

坐在椅子上，双臂自然垂落于身体两侧，双手各拿一个 0.5~1 L 的塑料水瓶。

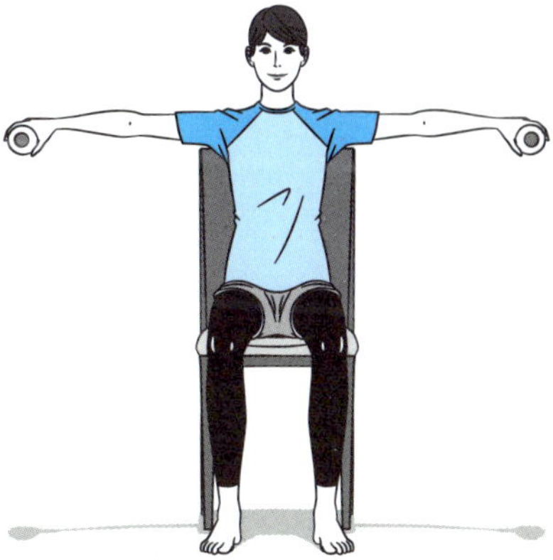

②

双臂向两侧伸直，慢慢向上抬起。当双臂平行于地面时，再慢慢落下。注意不要耸肩。

20次×2组

2.肩部上推运动 三角肌

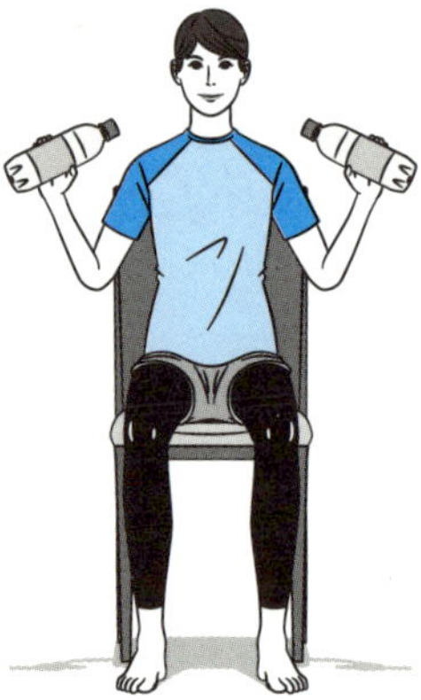

①

坐在椅子上，双臂弯曲，双手各拿一个 0.5~1 L 的塑料水瓶。

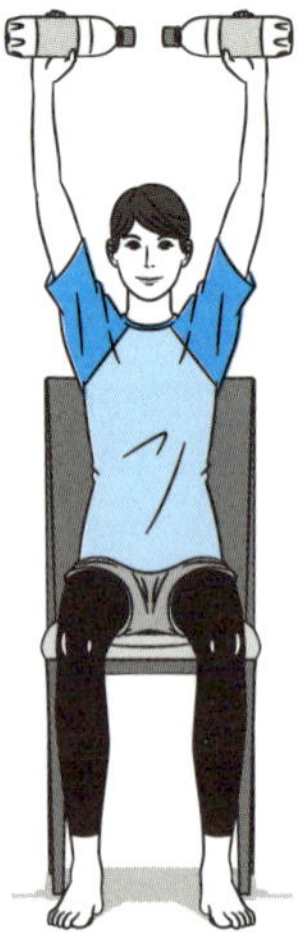

②

双手慢慢垂直向上推起。当双臂感到吃力时，再慢慢让双臂垂直下落，恢复原位。

20次×2组

脚部水肿

运动可以改善脚部水肿

脚部水肿的原理是什么？

小腿肚的肌肉泵作用减弱，血液回流受阻。

该做什么样的运动呢？

肌肉在用力的状态下保持片刻静止再恢复动作，可以增强肌肉泵作用。

我作为健身教练，经常收到女性学员的咨询：“该如何改善**脚部水肿**？”

她们向我反映自己的脚部一到晚上就会肿，鞋子都不好脱掉，还特别容易累。有时下班回家时，由于脚部水肿，步伐会变得十分沉重，只想尽快到家脱掉鞋子，把脚放在沙发上好好放松一下。

那么人到底为什么会出现身体水肿呢？

众所周知，成人体内含水量占体重的65%～70%。其中2/3在细胞内，1/3在细胞外。细胞外部的水分，包括血液中的水分和细胞间隙之间的水分。

当体内的水液代谢系统功能下降，细胞间隙之间的水分会出现“潴留”现象，就是所谓的水肿。当从血管流向细胞间隙的水分变多，或血管、淋巴管从细胞间隙中吸收的水分变少时，就会出现水肿。

造成水肿的行为有很多种，日常摄入的水分过多是其中一种。这是因为如果体内的水分过多，从血管流向细胞间隙的水分便会随之增加。同样，过度摄入盐分也会造成水肿，因为食盐中的钠具有吸水的性质，会导致更多的水潴留。

此外，**睡眠不足、睡前饮酒、精神压力过大**等都会造成水肿。另外，肥胖或高个子的人也容易水肿。

▶ 根本原因是“挤牛奶效应”不足

有些人在水肿时，脚部水肿尤其明显，连穿袜子都会觉得很紧，但休息一晚后便会恢复正常，这说明水肿只是一时的，无须特别担心。

那么，脚部水肿的原因是什么呢？

血液从心脏流出后，经由动脉流向脚部的毛细血管，再流进静脉。然后静脉中的血液会克服重力，由下而上，再次回到心脏。静脉中的瓣膜可以防止血液倒流。

肌肉泵作用（挤牛奶效应）示意图

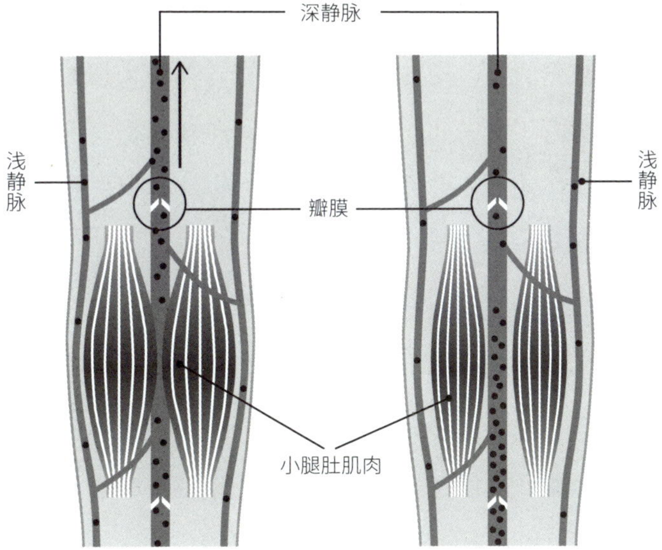

血液克服重力在静脉中回流，并不是一件轻松的事情。如果仅仅依靠心脏给予血液压力，使血液克服重力，那么心脏就会承受巨大的负担。

此时，肌肉就需要发挥作用了。小腿上的肌肉通过血管的不断收缩，给予血液流回心脏的动力，这种现象称为“静脉回流”。因为肌肉的这种功能就像在挤牛奶一样，因此又称“挤牛奶效应”。

由于小腿上的肌肉有这样类似水泵的功能，因此小腿也有

“第二心脏”之称。

相对于坐着，在站立状态下，血液更需要克服重力回流，因此站立工作的人，脚部更容易水肿。这是因为长期站立并保持同一姿势时，肌肉的“**挤牛奶效应**”工作会更吃力。

此外，伏案工作者因为腿部肌肉长期保持不活动的状态，所以也容易水肿。

肌肉力量不足的人，肌肉的“挤牛奶效应”难度会更大，因此需要特别注意。

当“第二心脏”的力量变得微弱，人们就容易长期受到脚部水肿的困扰。虽然轻揉小腿肚、在泡澡后按摩等方式可以缓解一时，但很快会再次出现水肿。

因肌肉力量不足而出现脚部水肿的人，要想从根本上解决问题，就一定要通过力量训练增强肌肉力量。

▶ 在运动中加入静力性力量训练

当脚部水肿非常严重时，该如何应对呢？

很多人会选择按摩小腿肚或者贴膏药，如果这样做能有所改善自然是好的，但如果见效甚微，可以尝试一下第75页介绍的运动方法，帮助你彻底解决水肿现象。

虽然这些运动方法看起来都是一些简单的活动腿部的训

练，但是关键在于做动作的过程中需要用力收缩大腿或小腿上的肌肉，并保持5秒钟静止不动。这种让肌肉在用力收缩的状态下静止对抗阻力的训练，专业术语称为“**静力性力量训练**”。

在用力收缩肌肉的状态下保持5秒钟静止不动，大腿或小腿肚上的血液会暂时瘀滞，然后迅速地改做前弓步蹲或侧弓步蹲，如此反复，可以有效地强化肌肉泵作用。

因肌肉力量不足而出现脚部水肿的人，反复做这些训练，也可以在一定程度上加强肌肉的力量。但是如果要真正地增强肌肉力量，我还是建议大家尝试第12页介绍的针对下半身的力量训练。

下肢静脉血管瘤、心脏肾脏疾病也会导致脚部水肿

虽然脚部水肿是常见的症状，但根据其成因不同也有可能暗藏某些疾病的患病风险。

比如，下肢静脉血管瘤是一种十分常见的疾病。研究结果表明，在日本，每5个45岁以上的人中，就有1人患此病。

下肢静脉血管瘤，顾名思义，就是下肢静脉里的血管瘤，血液呈瘀滞状。在大腿内侧或小腿肚上，血管突起、迂曲，透过皮肤可以看到像蜘蛛网一样的血管。

下肢静脉血管瘤会导致脚部水肿。腿部静脉中的瓣膜能够防止血液倒流。当瓣膜出现损伤，血液就难以回流至心脏，就会在静脉中瘀滞，形成血管瘤。

下肢静脉血管瘤的症状多为腿部乏力，会感到沉重和瘙痒。若是已经出现类似不适，建议尽快到医院接受治疗。

如果只是皮肤浅表的静脉血管呈蜘蛛网状，并且没有其他不适感，可以尝试第75页介绍的改善脚部水肿的训练方法。因为如果小腿肚上的肌肉泵作用减弱，静脉血管中的瓣膜很容易受到损伤。

需要注意的是，普通的脚部水肿一般双脚都会出现，但是下肢静脉血管瘤导致的脚部水肿，一般只出现于有血管瘤的那一侧。

▶ “经济舱综合征”导致的脚部水肿

经济舱综合征，又称旅行性血栓栓塞症，也会导致脚部水肿。在乘坐飞机等长途旅行时，因保持长时间的坐姿，腿部无法活动，腿部静脉血管中的凝血成分就会凝结成血栓。

当血栓堵塞了静脉血管，腿部就会疼痛、肿胀，皮肤变色（深静脉血栓）。当血栓流至肺部时，一旦堵塞了肺部动脉，就会出现呼吸困难、胸痛等症状，从而导致血压降低，甚至会威胁生命安全（肺栓塞）。

因此，为预防经济舱综合征，可以在旅途中用手按摩腿部，做些能够活动脚趾、脚跟的动作，促进血液循环。

▶ 月经期前出现的水肿

女性的水肿也可能是受激素影响导致的，比如，女性在月经期前的3～10天，会由于体内雌性激素的波动，引起一些精神或生理改变，这种现象被称为**经前期综合征（PMS）**，水肿也是其症状之一。

女性在月经期前，除了雌性激素之外，体内**黄体酮**的分泌也会增加，有的人不仅是脚部，全身都会出现水肿。

因黄体酮的增加而导致的水肿，是一种正常的生理反应，并不是病理反应。

通过按摩小腿肚或运动来增强肌肉泵作用，能够在很大程度上改善这种水肿现象。

▶ 心脏、肾脏、甲状腺疾病导致的水肿

内脏器官有问题也会导致水肿。比如，**心力衰竭**会导致心脏的血液循环不畅，**肾衰竭**会导致肾脏内的水分无法通过尿液的形式排出体外。这是因为当血液循环不畅、体内水分过多时，从血管流向细胞间隙的水分便会随之增加。

此外，甲状腺疾病也会导致身体水肿，这种情况一定要及时到医院就诊。

脚部水肿对策训练

1. 前弓步蹲 下肢整体

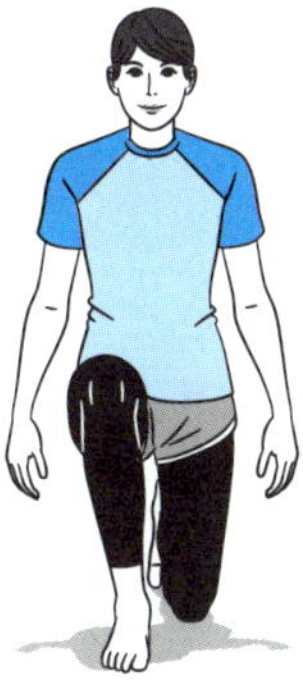

①

一只脚向前迈出一大步，腰部下沉，做前弓步蹲，保持 5 秒钟静止不动（静力性力量训练）。此时腿部的血液会暂时瘀滞。

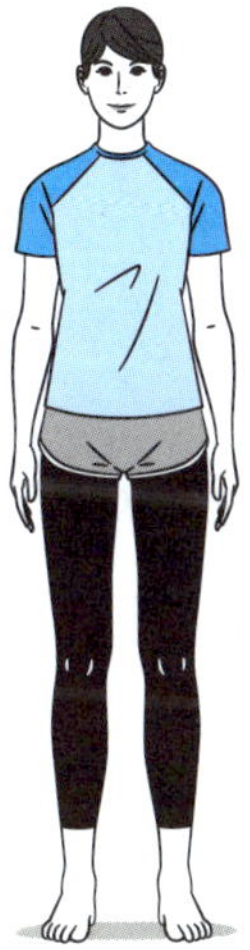

②

起身站直，双脚与肩同宽。

左右各5次×4组

2.侧弓步蹲 下肢整体

①

一只脚向外侧跨出一大步，腰部下沉，做侧向弓步蹲，保持 5 秒钟静止不动（静力性力量训练）。此时腿部的血液会暂时瘀滞。

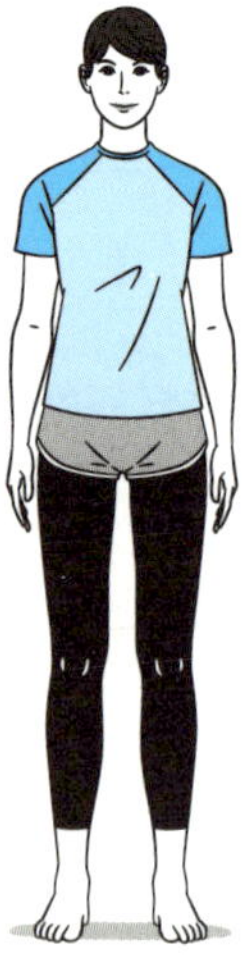

②

起身站直，双脚与肩同宽。

左右各5次×4组

3. 双脚提踵 大腿 / 小腿肚

抬起
脚跟。

①

双脚左右分开，与肩同宽，抬起脚跟，做提踵运动，保持 5 秒钟静止不动（静力性力量训练）。此时腿部的血液会暂时瘀滞。

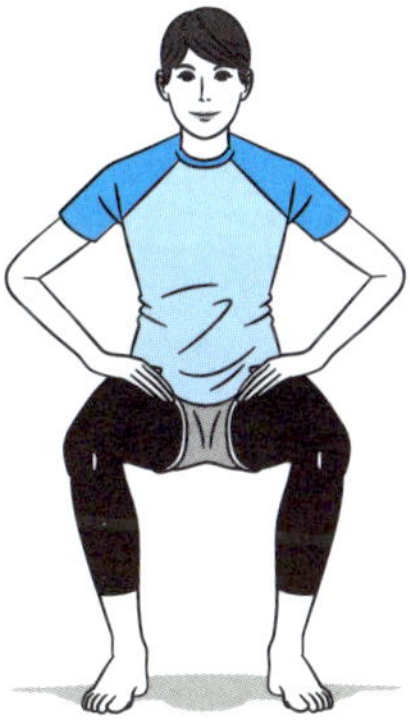

②

身体下蹲，腰部下沉。起立的同时抬起脚跟，做提踵运动，然后站直。

5次×2组

减少工作无法改善自主神经功能紊乱

自主神经功能紊乱的症状是什么？

交感神经和副交感神经的平衡被打破，会出现身体乏力、走路不稳、没有食欲等症状。

该做什么样的运动呢？

可调节情绪的运动或有韵律感的有氧运动。

有些女性在感觉身体不适到医院就诊的时候，常会被诊断为“**自主神经功能紊乱**”。

自主神经由**交感神经**和**副交感神经**两大系统组成，24小时不间断地调节身体的循环系统、消化系统、呼吸系统等的机能。

交感神经能够使心跳加快、血压上升，使身体保持活跃的状态。反之，副交感神经能够让心跳减慢、血压降低，使身体放松下来。

早上起床的时候，身体的交感神经开始变得活跃。经过了一天的活动，回到家后，副交感神经的主导作用便开始突显出来，身体就能在晚上进入安稳的睡眠状态。

我想很多女性或多或少都曾有过**身体乏力、走路不稳、早起困难、没有食欲、头痛眩晕、四肢麻木等**症状，这可能就是交感神经和副交感神经之间的平衡被打破导致的。

改善自主神经功能紊乱的要点

很多人面对这些症状时，会认为“大概是因为最近工作太忙，自主神经功能出现了问题，那就减少一些工作吧”。

然而事实是，虽然医生时常对患者说“工作太忙会导致自主神经功能紊乱”，但是，这并不代表仅仅依靠减少工作量，就能从根本上解决问题。

要改善自主神经功能紊乱，需要做到以下3点。

1. 减脂

2. 戒烟

3. 运动

研究结果表明，**肥胖**的人有很大概率会出现交感神经功能紊乱。在交感神经的作用下，肾上腺分泌出肾上腺素，使身体机能变得活跃。肾上腺素能够燃烧脂肪，使脂肪很难在身体里囤积。但是如果身体长期处于肥胖的状态，会迫使交感神经长期保持过度紧张，不停运作，导致功能紊乱。另外，也有一部分人是因为交感神经功能减弱引起的肥胖。在这种情况下，就算减少饮食摄入，也很难减肥成功。

吸烟会刺激交感神经，这也是为什么很多吸烟的人都表示自己早晨抽一支烟后会立刻变得十分清醒。此外，研究结果表明，抽烟者身边的人所吸入的“二手烟”也会刺激交感神经，导致交感神经和副交感神经之间的平衡被破坏。

运动不仅能够减脂，还能够消除压力，因此是最适合调节自主神经功能的方法。只要养成长期运动的好习惯，就能有效缓解焦虑、失眠等症状。

另外，对于女性来说，经前期综合征和更年期综合征（围绝经期综合征）都会使女性体内的激素分泌发生变化，也可能造成自主神经功能紊乱。关于女性更年期的具体症状，我会在第95页详细讲述。

▶ 只要是能调节情绪的运动就可以

那么，做什么样的运动才能改善自主神经功能紊乱呢？

我在前文提到关于改善和预防生活方式病的运动时都介绍了明确的运动方针，比如该选择哪种运动强度的有氧运动或力量训练，一周做几次等。

但是关于改善自主神经功能紊乱的运动，目的上却与它们不同，主要在于消除压力、提高睡眠质量，因此无论选择哪种运动项目都可以。只要是能保证良好的睡眠、缓解疲劳的运动，都能帮助自主神经恢复正常。

睡眠不足是造成自主神经功能紊乱的原因之一，因此保证睡眠是非常重要的。

下班后去打网球、游泳，或是到健身房里上一节能让自己暴汗的跳操课，这些都是不错的选择。

让身体在与平时不同的环境中专注于某项运动，就能达到调节情绪的目的。即便是在室外跑步，耳边呼啸的风声、肌肤感受到的空气、跑步带来的速度感，都可以营造出与平日大不相同的氛围。

跑步、游泳等有一定节奏感的运动，很容易让人沉浸其中，暂时忘却工作、生活带来的压力，让身心得到放松。但是这些运动也会使人心跳加快、血压升高、交感神经变得活跃，习惯于晚上运动的人一定要注意。

有些人白天没有时间，只能在晚上下班后跑步，这会使交感神经发挥主导作用，很可能导致失眠。但如果实在无法改变运动的时间，可以在运动后认真地做一些拉伸运动，让身体彻底放松下来后再入睡就更加容易了。

▶ 缓解紧张情绪的“渐进性肌肉放松法”

我身边有很多人都反映自己有**失眠**困扰。到了夜间，副交感神经还是不能发挥主导作用，使人难以入睡，或者睡眠太浅、容易惊醒、早晨早醒等。

如果长期睡眠不足，疲惫感就会积蓄得越来越多，进而对健康产生不利的影响。而消除疲惫感最好的办法就是睡眠。如果睡眠不足，即使去做按摩，也无法让身体彻底恢复元气。

有些人由于失眠过于严重，会去医院开帮助睡眠的药物，但即便如此也不能掉以轻心，保证充足的睡眠时间格外重要。只是在药物介入之前，我依然建议大家先尝试通过运动的方式，去改善自主神经功能紊乱的问题。

如果身体已经非常疲惫，但是因情绪紧张而无法入睡的话，则很有可能是交感神经在夜间仍在发挥主导作用。那我强烈推荐大家尝试“**渐进性肌肉放松法**”。

渐进性肌肉放松法是由美国的艾德蒙·雅各布森医生在大约100年前提出的，是一种可以使全身肌肉都得到缓慢放松的训练方法。

渐进性肌肉放松法是先使用六七成的力气让肌肉紧缩，然后再迅速放松下来，如此多次反复。

在情绪非常紧张的时候，身体会不自主地用力使肌肉也保持紧张状态，血液流通就会受阻。因此，让肌肉先紧张再放松，可以缓解紧张情绪，放松心神。

在我担任健身教练的时候，也曾推荐我指导的运动员使用这种放松法。运动员在参加大型比赛之前，精神压力都很大，使用渐进式肌肉放松法进行全身放松后，睡眠质量得到了大幅度提高，在比赛中也取得了很好的结果。

但是，运动员做的渐进性肌肉放松法是非常烦琐耗时的，并不适合我们的日常生活。因此，我会向大家介绍一个简易版本，坐在椅子上从手臂、肩膀到全身都能得到放松。

虽然是简易版，但它仍然十分有效，值得一试。另外，它不仅适用于睡前放松，还能有效缓解因长期伏案工作导致的肩部肌肉紧张。当感到自己情绪紧张时，不妨试着做一下吧！

渐进性肌肉放松法

1. 坐在椅子上“手臂”肌肉放松法

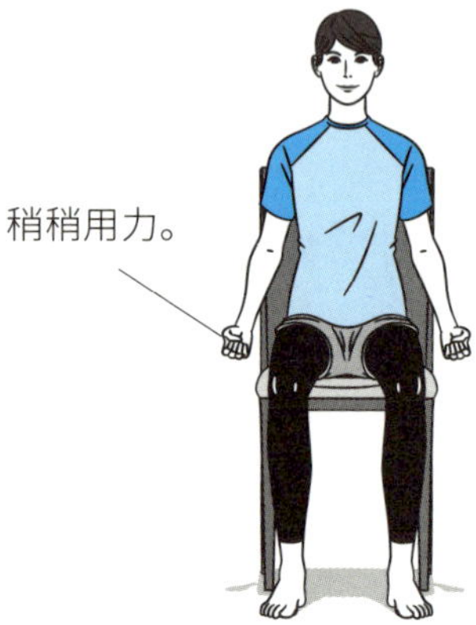

5秒

①

坐在椅子上，双臂下垂，稍稍用力紧握拳头。坚持 5 秒。

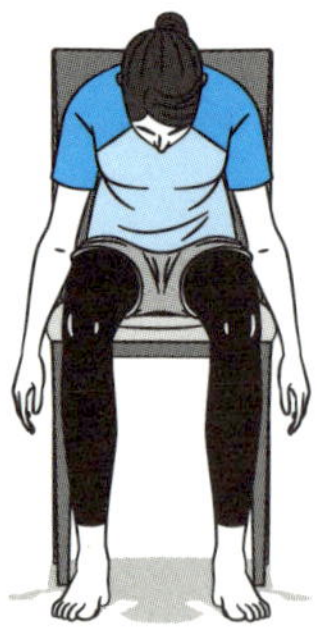

10秒

②

瞬间卸掉力气，全身放松。弯腰低头，双臂自然下垂，保持 10 秒完全不用力的状态。

2～3组

2. 坐在椅子上“肩部”肌肉放松法

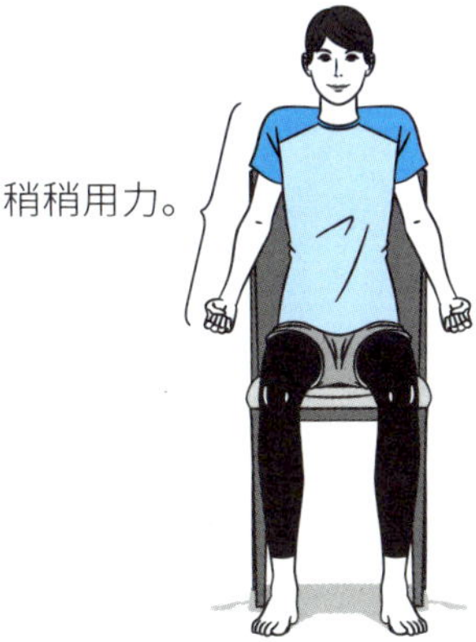

5秒

①

坐在椅子上，双臂下垂，稍稍用力紧握拳头、耸肩。坚持 5 秒。

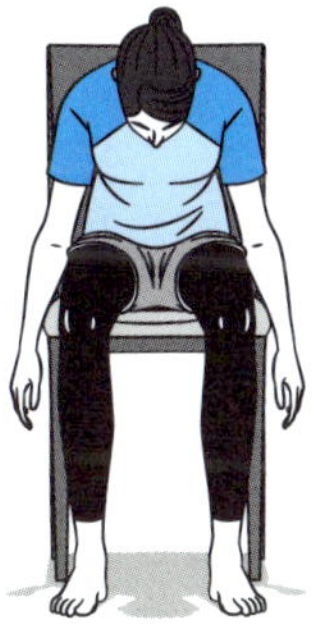

10秒

②

瞬间卸掉力气，全身放松。弯腰低头，双臂自然下垂，保持 10 秒完全不用力的状态。

2～3组

3. 坐在椅子上“伸直双臂”肌肉放松法

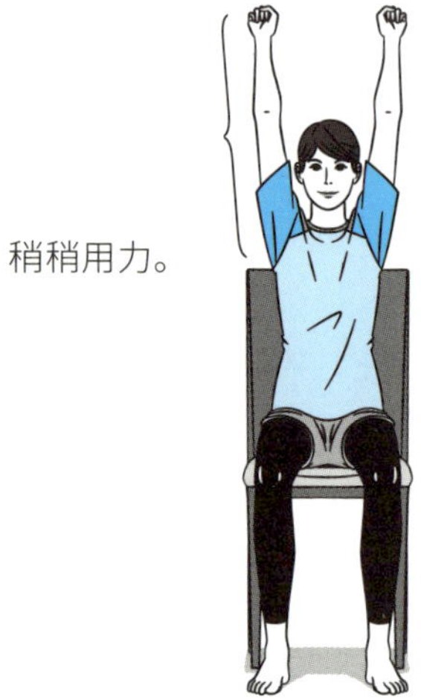

5秒

①

坐在椅子上，双手稍稍用力紧握拳头，双臂向上伸直，肩部抬起。坚持 5 秒。

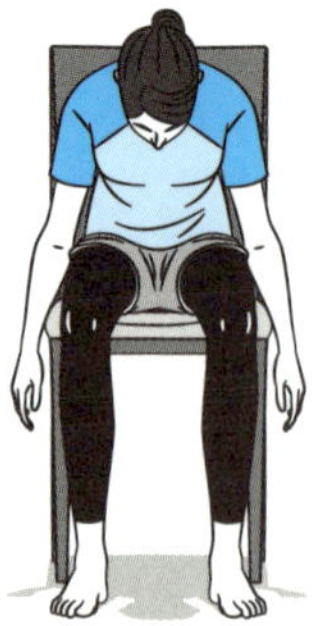

10秒

②

瞬间卸掉力气，全身放松。弯腰低头，双臂自然下垂，保持 10 秒完全不用力的状态。

2～3组

4. 站立“全身伸展”肌肉放松法

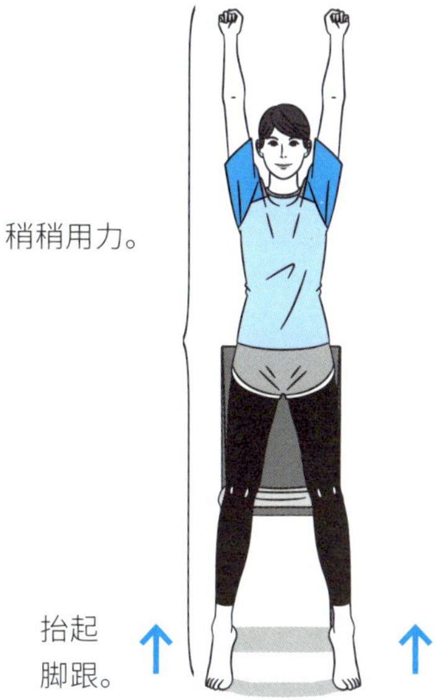

5秒

①

双脚左右分开，与肩同宽。双手稍稍用力紧握拳头，双臂向上伸直，抬起脚跟。坚持 5 秒。

10秒

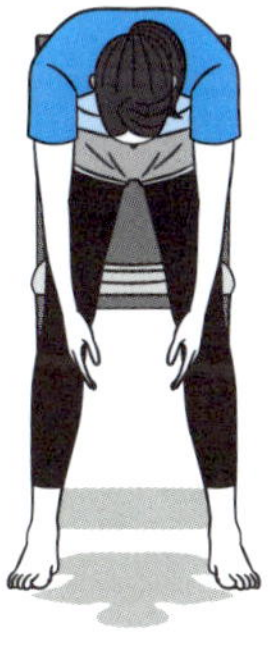

②

瞬间卸掉力气，全身放松。弯腰低头，双臂自然下垂，保持 10 秒完全不用力的状态。

2～3组

专栏

一定要注意由低血压或贫血引起的肩痛

肌肉的血液循环不畅会引起肩痛。若是因长期保持同样的姿势而使肌肉紧张，并造成血液循环不畅，可以通过动态拉伸得以解决。

然而除此之外，还有其他原因也会引起血液循环不畅。比如低血压的人，由于肌肉中的血液供应不足，血液循环容易不通畅。贫血的人由于肌肉内没有充足的氧气供给，也会出现肩痛的症状。

低血压分为“原发性低血压”和“直立性低血压”。原发性低血压是本身体质造成的，直立性低血压最常见的症状就是从坐卧姿势突然站起来，或长时间站立后会出现恶心、难受等现象。无论是哪一种低血压，想要改善这些症状，都必须从改变生活习惯着手。

另外，想要缓解贫血引发的肩痛则需要先治疗贫血，建议及时到医院就诊，并按照医嘱服用药物或补剂。

第3章

女性在特殊阶段该如何运动

“怀孕不能运动”的观点已经落伍了

我常听到身边怀孕的女性说，“因为怀孕变胖了，再加上不方便运动，就更胖了”。

最令我出乎意料的是，很多人都认为怀孕后发胖是无法改变的事实。

有些女性，即使孕前有运动的习惯，怀孕后因担心运动可能对胎儿不利，就停止了运动，产后又忙于照顾婴儿，根本没有时间再恢复运动。

结果就造成了运动不足、身材肥胖，这对于女性的身体健康没有一点好处。

▶ 美国妇产科协会推荐女性在孕期内做运动

近年来，越来越多的医生会建议孕妇“**控制孕期体重**”。但是，通常情况下医生只会给出一些饮食方面的建议，很少告诉怀孕的女性“到底该如何锻炼”“怎么锻炼”等运动方面的具体建议。

根据庆应义塾大学医学院运动医学综合中心田畑尚吾医生的研究，女性孕期做适量的运动，可以在一定程度上预防体重过度增加、腰痛、妊娠期糖尿病、妊娠期高血压肾病等孕期并发症，减小生产时不得不剖宫产的可能性。

事实上，美国妇产科医师学会建议没有贫血、高血压、心脏病、肺部疾病、早产倾向等并发症（详见下一页列表）的低危孕妇，**可以每周选择几天，或者尽可能每天进行20～30分钟让人“略感吃力”的中等强度运动**。

▶ 绝对禁止打篮球、踢足球、滑雪等运动

女性在孕期进行运动之前，一定要提前向医生确认是否可以运动。

日本临床运动医学会妇产科协会制定的《孕期运动的安全管理标准》中提到，孕期运动须在怀孕12周以后才可以开始进行，并且必须要满足孕期没有任何异常这一条件。

虽然没有直接的科学依据证明运动是流产的危险因素，但自然流产的发生率为10%～15%，而且几乎全出现在12周以内的孕早期。为安全起见，我建议想要在孕期进行运动的女性从怀孕12周以后再开始运动。

孕妇不能做运动的情况

绝对禁止 关系到孕妇和胎儿生命的情况	· 血流动力学明显改变的心脏病 · 限制性肺部疾病 · 宫颈机能不全、宫颈环扎术后 · 有早产风险的多胎妊娠 · 孕中期或孕晚期持续性出血 · 前置胎盘 26 周以后 · 本次妊娠早产 · 羊膜破裂 · 子痫前期、妊娠期高血压 · 重度贫血
相对禁止 一般应该避免的情况	· 贫血 · 未经评估的心律失常 · 慢性支气管炎 · 控制不良的 1 型糖尿病 · 病态肥胖 · 极度体重过轻（BMI<12） · 既往一直习惯久坐不动 · 胎儿宫内生长受限 · 控制不良的高血压 · 受限的骨科疾病 · 控制不良的癫痫 · 控制不良的甲亢 · 重度抽烟者
应停止孕期运动的预警信号	· 阴道出血 · 有疼痛感的规律宫缩 · 羊水流出 · 运动前就已出现呼吸困难 · 眩晕 · 头痛 · 胸痛 · 影响到身体平衡的肌肉无力 · 小腿疼痛、肿胀

怀孕期间，孕妇的体重增加，身体的平衡感会发生变化，因此在运动的时候必须要小心一切会导致摔倒、受伤的危险因素。

美国妇产科医师学会的《孕期和产后运动指南》指出，孕妇应避免进行篮球、足球等有身体接触的运动。同时也不建议进行滑雪、骑马等有跌落、摔倒风险的运动项目。

在运动中如果出现了第92页列表中提到的出血、眩晕等症状，必须立即停止运动。

▶ 产后运动的关键在于“如何高效运动”

女性产后该如何运动呢？

产妇在产后会逐渐恢复体力，若身体没有任何异常情况，就可以逐渐恢复运动了。

由于产后外出的机会有限，身体的日常活动量也会变小，可以通过运动来避免肥胖。但是，很多女性往往需要在家照顾孩子，很难有机会独自去健身房运动。因此，产后更适合在家做些耗时短、效率高的训练。

若是做力量训练，可以将自身的体重作为负重，尝试第12页介绍的针对下半身的力量训练，在家里只需要很短的时间就能完成。

此外，如果有时间到室外做有氧运动的话，散步、跑步都是不错的选择，也可以搭配第17页介绍的脚踏矮凳训练，提高肌肉力量。如果家中没有矮凳，也可以选择楼梯或其他高度差合适的物体。

这样一来，每天只需要10分钟就能进行高效率的运动。

为了自己的健康，女性朋友们一定要抛弃“因为要照顾孩子所以没时间运动”的想法，养成长期运动的好习惯！

更年期

激素的大幅波动会让身心出现各种症状

更年期有哪些症状呢？

雌性激素的大幅波动会导致潮热、乏力、月经不调、情绪不稳等症状。

该做什么样的运动呢？

能够调节情绪的运动、对抗代谢综合征的运动。

更年期指的是女性在绝经前后各5年的生理阶段，共计约10年。

通常情况下，女性绝经的平均年龄是50岁，所以可以认为女性的更年期大约在45—55岁。

在这个阶段，有60%～80%的女性会出现一些不适的症状。换句话说，到了这个年龄段，大部分女性身体上出现的不适症状，都属于更年期症状。

女性雌性激素随年龄增长变化图

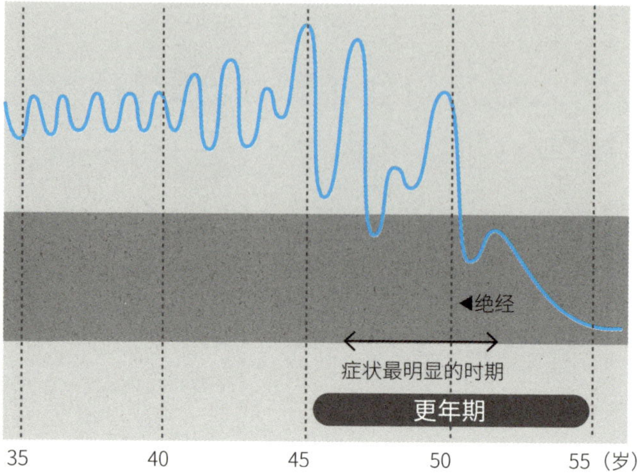

▶ 雌性激素大幅波动

在更年期期间，卵巢分泌出的雌性激素会逐渐减少。于是，下丘脑就会立刻向脑垂体发出指令，促使它分泌促卵泡生成激素。若促卵泡生成激素对卵巢产生了作用，卵巢就会分泌出更多的雌性激素。若不起作用，下丘脑会继续使脑垂体分泌出更多的促卵泡生成激素。

虽然从长远的角度来看，雌性激素会慢慢下降，但是从短期来看，雌性激素是呈反复的、时而增加时而减少的状态，因此，雌性激素的大幅波动会使身体随之表现出一定的症状。

症状严重时可适量补充激素

女性在临近绝经前，会开始出现各种各样的症状，比如，身体潮热出汗、乏力瞌睡、月经不调、情绪不佳、焦虑、抑郁等。

因症状过多，每个人的症状又可能各不相同，所以当女性感到身体不适时，往往很难分辨到底是更年期的症状，还是随着年龄增长导致的体力不支，又或者是其他疾病引起的症状。

当女性进入更年期之后，一旦身体出现不适症状，最好首先到妇科门诊检查。之后根据症状的不同，再去针对性的门诊就医。比如，若是尿频尿急，可以去泌尿科；眼花耳鸣，去眼科、耳鼻喉科；失眠无力，到精神科。

当更年期症状非常严重时，医生可能会建议女性接受激素补充、中药调节等治疗方法。如果不是特别严重，也可以选择服用含有**雌马酚**的营养补充剂。

更年期女性更应该享受运动，预防代谢综合征

那么，女性在更年期时应该做什么样的运动呢？

事实上，并没有任何一种运动可以称得上是“能够缓解更年期症状的运动”。

但是，对于日常缺乏运动的女性来说，定期运动可以改善自主神经的功能，更年期的症状也会相应减轻。

相反，更需要注意的反而是那些一直有运动习惯的女性。比如，有些女性平时喜欢跑步，也会去参加一些跑步比赛。当她们进入更年期后，速度会有所下降，跑步成绩自然会下滑。

这时有一部分女性便想到：“唉，我已经进入更年期了呢……”能意识到这一点是最好的。因为还有一部分人可能并没有认识到这一点，还会由于状态下滑而陷入焦虑，告诉自己：“我要更加努力地练习，才能提高速度！”

然而当女性处于更年期时，体力下降是正常的，无论多么

努力地练习，跑步成绩可能都无法进步；有些人为了提高跑步成绩，会给自己施加更大的压力，进而陷入恶性循环。

不仅仅是跑步，力量训练、游泳、网球等各种竞技项目都是如此。

因此，女性进入更年期后，不要一心追求运动的成绩，更重要的是尽情享受运动本身。

▶ 改善骨质疏松症和代谢综合征的对策

雌性激素的大幅波动主要发生在临近绝经前。在绝经后不久，雌性激素就会稳定地减少，不会再出现大幅波动。然而此时又会出现其他问题。

雌性激素具有预防骨吸收、促进骨骼生长的作用。在绝经后，随着雌性激素的减少，女性的骨量会变少，罹患骨质疏松症的风险随之增加。因此，进入更年期后，建议女性们一定要及时到医院做骨密度检测。

我在第38页介绍了预防骨质疏松症的运动方法，通过跳跃动作给予骨骼一定的刺激，促进骨密度增加的同时，还能避免膝关节受伤。

另外，雌性激素还能帮助女性身体代谢肝脏内的胆固醇。因此，雌性激素的分泌减少，会造成低密度脂蛋白胆固醇

代谢综合征的诊断标准

- **超重和肥胖**
  身体质量指数（BMI）≥ 25
- **血脂异常**
  甘油三酯 150mg/dL 以上
  高密度脂蛋白胆固醇 (HDL-C) 女性低于 39mg/dL
  男性低于 35mg/dL
  } 同时符合或只符合其中 1 条
- **高血压**
  高压 140mmHg 以上
  低压 90mmHg 以上
  } 同时符合或只符合其中 1 条
- **高血糖**
  空腹血糖值 110mg/dL 以上

（LDL-C）升高，容易引起发胖，血压上升。

我经常听到身边的女性抱怨，“到了更年期后，一下子胖了10千克！”

这是因为更年期女性通过饮食摄入的热量和营养成分，多余的部分没有被消耗掉，而是转化为脂肪被身体储存起来。如果保持和以前一样的饮食习惯的话，就很容易变胖。

前文中也提到了，女性常见的肥胖类型多为皮下脂肪型肥胖，男性多为内脏脂肪型肥胖。然而女性在进入更年期后，内脏脂肪型肥胖所占的比例会逐渐增加。

因此，女性在这个阶段尤其要小心**代谢综合征**，又称代谢症候群。

很多人会觉得在健康体检中被诊断为“可能患有代谢综合征”的多为男性，但其实更年期女性罹患这种疾病的比例正在逐渐增加。

上一页的图表是代谢综合征的诊断标准。

在这个诊断标准中，超重是必须满足的条件，而血脂异常、高血压、高血糖三者中只要满足两条以上，就会被诊断为代谢综合征。

内脏脂肪过多会造成高血脂、高血压、高血糖等症状，使人更容易罹患糖尿病等慢性病。因此，通过运动消耗内脏脂肪是非常重要的。

好的一面是，内脏脂肪比皮下脂肪更容易消耗掉，只要将力量训练和有氧运动相结合，那么2～3个月就能见到成效。

因此，当女性进入更年期，就一定要有意识地预防代谢综合征，并积极地通过运动减少内脏脂肪的堆积。

专栏

运动能预防子宫内膜癌和乳腺癌吗

如今，癌症是日本人口死亡率最高的疾病。随着人口老龄化的加剧，越来越多的人因癌症离世。

如果人们能够长期保持运动的习惯，养成健康的体魄，也许能在一定程度上预防癌症。

根据日本国立癌症研究中心的《关于基于科学根据的风险评估和癌症预防指南建议的研究》表明，如今“证实患病风险已有所降低”的癌症是直肠癌。女性的乳腺癌“患病风险可能下降”。但是，“证实患病风险已有所增加”的癌症也是乳腺癌（绝经后），子宫内膜癌的“患病风险可能增加”。

该研究还指出，肥胖会增加罹患各种癌症的风险。

因此，如果能够通过运动消除肥胖，从结果上来看，就很有可能降低这些癌症的患病风险。

第4章

通过运动与饮食，有效增肌抗衰老

“不会做体前屈”不等于身体僵硬

提到身体柔韧，很多人都会认为这是属于年轻人的专有名词。

大概就是这个原因，导致那些认为自己身体僵硬的人，异常希望自己的身体变得更加柔韧，因此频繁地做柔韧性运动。但是如此一来，反而会增加身体受伤的风险。

虽然我们说到“僵硬”通常会说“身体僵硬”，但实际上并没有全身肌肉都非常僵硬的人。

身体上的肌肉，既有僵硬的部分，也有柔韧的部分。重要的是先确认自己哪一部分肌肉是僵硬的，然后进行拉伸、放松，使之变得柔韧起来。

我们在对全身肌肉进行确认的时候，不仅要确认僵硬的部分和柔韧性适中的部分，还要看是否有非常柔韧的部分。因为非常柔韧的肌肉是不需要拉伸的。

“不会做体前屈 = 身体僵硬”是一种错误的想法

很多人认为只要在站立状态下做体前屈动作，就可以确认身体的柔韧程度。身体柔韧的话，双手可以触碰到地面或双脚，否则就证明身体僵硬。

然而实际上，前屈时如果双手触碰不到地面或双脚，只能说明**臀部的臀大肌或大腿后侧的腘绳肌**比较僵硬，并不能说明全身所有的肌肉都缺乏柔韧性。

如果身体的一部分肌肉过于僵硬，另一部分肌肉过于柔韧的话，身体就会缺乏稳定性。但是，如果全身所有的肌肉都很僵硬的话，也不代表身体的稳定性就一定强。不过，可以确定的是，无论是日常活动还是运动，只要身体有一定的柔韧性，就可以让动作完成得更加顺畅，更不容易受伤，身体也就会更健康。

因此，关键还是在于找到身体中僵硬的肌肉，做针对性的拉伸，让僵硬的肌肉变得更加柔韧。

容易僵硬的“四大肌肉群”

我们的身体有“四大肌肉群”容易僵硬，它们是：

1. 腘绳肌（大腿后侧）

2. 股四头肌（大腿前侧）

3. 臀肌（臀部）

4. 大腿内收肌群（大腿内侧）

针对这四大肌肉群，我会从下一页开始介绍确认它们是否僵硬的方法，或许当你尝试着做完一遍之后，会意外地发现原来自己的身体并没有那么僵硬。尤其是大腿内收肌群，双腿只要能够打开至90°就证明它足够柔韧。

需要注意的是，在确认它们的僵硬程度时一定要左右两侧都分别确认，因为如果左右两侧的柔韧度不一致的话，会对身体的稳定性产生影响。那么就要有意识地对较僵硬的一侧进行重点拉伸。

肌肉柔韧性确认练习

1. 腘绳肌（大腿后侧）

仰卧，伸直一条腿，向上抬起。

- 能够与地面保持 90°垂直 → 肌肉柔韧性适中
- 不能与地面保持 90°垂直 → 肌肉僵硬

2. 股四头肌（大腿前侧）

俯卧，屈膝向上抬脚，同侧手抓住脚背。

- 轻松抓住脚背 → 肌肉柔韧性适中
- 无法抓住脚背 → 肌肉僵硬

3．臀肌（臀部）

盘腿坐立，背部挺直，双手抱住一侧小腿肚和脚踝并抬起。

- 能够轻松地保持小腿与地面平行 → 肌肉柔韧性适中
- 无法保持小腿与地面平行 → 肌肉僵硬

4. 大腿内收肌群(大腿内侧)

坐姿，双腿向前伸直并打开，背部挺直。

- 双腿能够打开至 90° → 肌肉柔韧性适中
- 双腿不能打开至 90° → 肌肉僵硬

只拉伸经常活动的部位是不对的

很多人在肌肉紧张、酸痛的时候都会选择做拉伸。

有的人也会在工作的休息时间做一下拉伸运动。但需要注意的是，如果做了错误的拉伸运动，结果可能会适得其反。

人们长时间伏案工作，或者在通勤路上长时间看手机，就容易造成肌肉紧张，产生酸痛感。

也就是说，问题的根源在于长时间保持同样的姿势。

如今，我们在日常生活中步行、做家务等可以活动身体的机会越来越少，这也是造成肌肉紧张的原因之一。

长时间伏案工作的人，往往**肩胛骨周围的肌肉**都会变得非常僵硬。

肌肉如果长期不被使用，不仅肌肉力量会减弱，柔韧性也会变差，全身都会变得越来越僵硬。

拉伸运动可以有效帮助身体恢复柔韧性。

作为一名健身教练，我强烈推荐大家多做拉伸运动。但是，对于非专业人士做的拉伸运动，我认为有几个常见的误区需要明确一下。

▶ 可活动范围外的拉伸运动会造成韧带和肌腱损伤

很多人会在办公室里做些针对肩颈的静态拉伸。

当因长期保持同样的姿势而变得僵硬的肌肉，通过静态拉伸受到一定的刺激后，确实可以带来短暂的舒适感。坚持定期进行静态拉伸，也有助于恢复身体的柔韧性，让僵硬的肌肉变得更加柔韧。

但是，在冬天或低温环境里做静态拉伸，就需要格外注意了。

在低温状态下，如果我们用力拉伸肌肉至其超过关节可活动的范围，会给肌肉、韧带、肌腱带来巨大的负担，同时增加受伤的风险。

因此，**外界温度较低时，可以在运动或者洗澡后，等身体暖和起来再做拉伸运动效果更好**。

此外，若想解决肩痛问题，可以参考第60页的内容，做动态拉伸会比静态拉伸更容易见效。

▶ 不常活动的部位更需要做拉伸

关于拉伸运动另一个常见的误区就是，**只反复做自己会做**

的拉伸运动。

如此一来，只有常做拉伸的肌肉变得柔韧，其他部位的肌肉并没有得到锻炼，造成身体各部分肌肉的柔韧度出现差异。

肌肉是通过收缩进行发力的。当某块肌肉发力时，其反方向的肌肉便会呈现被拉伸的状态，如果肌肉不够柔韧，那么在长时间被绷紧的状态下就很容易受伤。

因此，不能只反复做自己会做的拉伸运动，也要经常拉伸身体上其他僵硬的肌肉。然而有些人可能尝试后会发现拉伸僵硬的肌肉非常困难，就此产生疑惑："这个拉伸方法不对吧？"然后便轻易放弃，又去做自己能够轻松完成的拉伸动作。

其实出现这种肌肉柔韧性不均衡的情况，是因为大家掌握的拉伸动作不够多。我建议有此疑虑的人向健身教练等专业人士寻求帮助，确认自己哪些部位的肌肉比较僵硬后，再做针对性的拉伸运动。

如今，我们通过网络可以轻松查到不同肌肉对应的各种拉伸方法。如果想要拉伸某一部位的肌肉，可以多尝试不同的拉伸动作，并挑选适合自己的。

此外，长时间伏案工作的人，肩颈部和腰部周围的肌肉都容易僵硬。有很多拉伸动作坐在椅子上就能完成，请一定要多多尝试。

肌肉拉伸算热身运动吗

当人们长期面对电脑工作，或是乘坐火车、飞机进行长途旅行时，需要长时间保持同一个姿势，肌肉因此变得紧张。

此外，很多人在每天早晨刚起床的时候，也常会感觉肌肉紧张。这可能是由于晚上睡觉时没怎么翻身，始终保持同一睡姿造成的。

身体随着年龄的增长，不仅肌肉量会减少，肌肉的柔韧性也会下降。因此，当肌肉紧张的时候如果不采取一些适当的应对措施，肌肉就会变得越发僵硬。

在肌肉不断减少的状态下，长期保持同一个姿势，就只能由少量的肌肉去支撑身体。这一部分肌肉的负担会增加，血液循环变得不通畅，导致肌肉变得更加紧张。因此，**在增加肌肉柔韧性的同时，还必须要通过力量训练增加肌肉**。

提到增加肌肉柔韧性，很多人首先想到的依然是拉伸运动。

如果要放松肩颈部位上紧张的肌肉，让肌肉变得更加柔韧，最有效的是动态拉伸。动态拉伸能够大幅度地活动肌肉，改善血液循环，放松肌肉。

动态拉伸和静态拉伸的作用各有不同。根据不同的情况选择最适合自己的拉伸方法是非常重要的。

静态拉伸不算是合格的热身运动

动态拉伸最适合作为运动前的“热身运动”。

一提到热身运动，人们通常会首先想到站立前屈运动、跟腱拉伸运动，其实它们都属于静态拉伸。

在英语中，热身运动是“Warm Up”一词。也就是说，热身运动是指在正式开始剧烈运动之前，让身体变得暖和起来的运动。

完成热身运动的标志是肌肉的温度上升，血流量和心率有所提升，这表示心脏已经做好了准备工作。此外，为了方便关节活动，需要扩大其可活动范围，因此，使关节分泌具有润滑效果的关节液也是必需的。

静态拉伸通过缓慢地拉伸肌肉，可以暂时将关节的可活动范围扩大，但是却不能使体温升高、心跳加快，也不能分泌关节液。

运动前的热身活动，和驾驶一辆陈旧的汽车上路之前，需要先让发动机低速空转进行预热的道理是一样的。对汽车不感兴趣的人也许不太了解，如果让旧车的发动机全速运转并直接上路的话，会给很多配件带来巨大的负荷，容易出现故障。

人的身体同样如此，若不做热身直接开始剧烈运动，受伤的风险就会随着年龄的增长而大幅增加。

另外，热身运动并不仅仅适用于运动之前。当人们早晨起床后、工作之前做动态拉伸，可以改善血液循环，增加供应给大脑的氧气和营养，工作效率就会大大提高。若在工作过程中感到肌肉紧张，也可以做动态拉伸进行缓解。

那么，适合在家中或办公室中做的动态拉伸有哪些呢？

当肩部肌肉紧张的时候，可以参考第60页介绍的针对肩胛骨周围肌肉的动态拉伸。第75页介绍的改善脚部水肿的前弓步蹲和侧弓步蹲，可以促进下半身的血液循环，提高身体温度。

▶ 静态拉伸适合运动后或入睡前进行

那么，什么时候适合做静态拉伸呢？

在运动结束后做静态拉伸，肌肉能够得到伸展，变得柔软。这是因为运动后肌肉的温度上升，细胞之间的黏性降低，肌肉更容易被拉伸。在洗澡时或洗完澡后拉伸肌肉也同样会感觉轻松。

另外，关节僵硬的话，肌肉也会变得紧张、僵硬，导致血液循环不畅。若对关节周围的肌肉进行静态拉伸，就能够缓解肌肉的紧张感，改善血液循环。

由于肌肉需要靠收缩才能发力，运动后的肌肉可能会出现缩短的现象。此时对肌肉进行静态拉伸，可以让身体尽快结束兴奋状态，恢复平静。

在入睡前针对大腿、背部等大块肌肉群做静态拉伸，可以有效缓解肌肉紧张，让身体放松，使副交感神经发挥主导作用，消除身体的疲惫感，使人更轻松地入睡。

总的来说，动态拉伸适合运动前、工作前或工作中；静态拉伸适合运动后、洗澡后、入睡前。请根据不同情况选择合适的拉伸运动。

腹部或手臂的“局部减脂”可行吗

“轻松减脂”是所有女性梦寐以求的事情。

然而，想要消除女性常见的皮下脂肪型肥胖，必须要坚持力量训练和有氧运动相结合的运动方式。

但是一定会有人在想，要是能耗时短、见效快，轻轻松松地减掉手臂、大腿和腹部的脂肪该多好。

然而，这种幻想是完全不可能实现的。

很多人都希望能够做到“**局部减脂**”，只减掉特定部位的脂肪。市面上也因此出现很多迎合人们这种需求的书籍、杂志、运动辅助器材和服装等。

每一种商品都会被夸大其词地宣传成具有某种局部减脂的特殊效果。然而，**从消耗脂肪的原理来看，局部减脂是根本无法实现的**。

▶ 身体的能量来源是全身的脂肪

很多人可能会为了让某个部位瘦下来而拼命地活动这个部位，试图达到只消耗该部位脂肪的目的。

我也常会在网络上看到一些减肥教程，指导大家通过按摩、推拿脂肪堆积部位等方法，达到局部减脂的目的。

事实上，这些都是错误的做法。

为了瘦腹部而做腹肌运动，为了瘦手臂而做手臂的向后拉伸运动等，减脂的效果都很差。

其实我非常理解一些女性想要局部减脂的心情，但若是了解脂肪分解为身体提供能量的过程，就会明白为什么局部减脂是不可能的了。

储存在身体各处的脂肪，能够分解成脂肪酸，溶于血液中，并通过血管运送至有需要的肌肉。当脂肪酸继续分解成水和二氧化碳时，就会产生能量。

因此，**运动过程中，身体会逐渐消耗遍布于全身的脂肪**，而并不是只优先消耗正在活动的部位上的脂肪。

如果身体真的只优先消耗正在活动的部位上的脂肪，那岂不是仅靠说话就能瘦脸了？然而事实却并非如此。

腹肌运动的效果不明显

腹肌运动只能锻炼体表的少量肌肉，因此不会增加太多的肌肉。如果想要更有效地增肌，针对具有多个大块肌肉的下半身进行锻炼会更好。

▶ 腹肌运动并不能让肚子变瘦

腿部运动、手臂运动、腹肌运动（仰卧起坐），并不能实现局部减脂。

不过为了瘦腹去做腹肌运动，也不全是无用功。因为腹肌运动确实可以增加少量的肌肉。肌肉增加后，身体的基础代谢也会随之提高。

但是，如果是为了增肌而做力量训练的话，以下半身为主的力量训练增肌效果会更明显。臀部、腿部上有许多大块肌肉，针对性地锻炼可以更加快速地增加肌肉。

我在日常的教学过程中常会听到这类说法，“有些部位很容易堆积脂肪”，或是“有些部位不容易减脂”，有人便因此误认为局部减脂可行。

事实上，某些部位容易堆积脂肪，是由个人体质决定的。比如，有的人在发胖时，会先从脸部开始，而有的人则是先从肚子开始。瘦身时，也同样如此。

这些都是由先天体质决定的特性，无法通过后天的人为努力而改变。

总而言之，请抛弃那些想要快速局部减脂的想法，坚持将力量训练和有氧运动相结合，进行健康减脂才是最重要的。

蛋白质和糖类有利于增肌

大家读到这里想必已经明白，局部减脂是无法做到的，那么肯定就会有人想着通过节食去减肥。

如果一些女性朋友只在意体重秤上的数字，那么我在第41页中提到的“清淡饮食”或“节食”的方法确实可以达到掉秤的结果，但是，我也反复强调，极端的“清淡饮食”和“节食”方式不仅不能健康地减肥，反而容易对身体造成危害。

想要健康地减肥，运动和休息都很重要。另外，均衡地摄入营养尤为重要，它能帮助女性有效地避免在运动中受伤。

▶ 及时消除运动后的疲惫感不可忽视

我作为教练指导学员运动的时候，一直都十分注重“疲劳恢复”。

人们在做完高强度的运动后，肌肉纤维会受到一些细小的损伤，若想尽快修复受损的肌肉，需要摄取大量的蛋白质。这样运动后的第二天身体才不会有疲劳感。

以长跑运动员为例，她们每天每千克体重最多摄入1.8克蛋白质。体重为50千克的运动员，每天最多可以摄入90克蛋白质。

而对于普通人来说，每千克体重最多摄入1克蛋白质就足够了。

理想情况下，在运动后的2小时内摄入高蛋白质的食物，就能够有效修复受损的身体。

摄入蛋白质除了可以修复身体之外，还可以帮助增肌。

肌肉力量不足的女性在做力量训练时，必须保证能够通过饮食摄入足够的蛋白质。但是在摄入蛋白质时，也需要注意避免脂肪摄入过量。如果增肌期间的女性只吃畜禽肉类食品来摄入蛋白质，那么无论采取何种烹饪方法，都容易造成脂肪摄入过量。

因此，为了防止这种情况发生，除了畜禽肉类，还可以通过鱼类、蛋类、豆制品、乳制品等，均衡地摄入动物性蛋白和植物性蛋白。

另外，应尽量避免在一餐中摄入过量蛋白质，而是要保证一日三餐平均地摄入每日所必需的蛋白质量，比如，一位体重为60千克的女性，她每餐摄入20克蛋白质即可。

研究结果表明，在常见的日式早餐中，“烤鱼、米饭、味噌汤、纳豆、鸡蛋”的搭配便基本包含了20克蛋白质。

此外，手掌大小的肉块或鱼肉也大约包含20克蛋白质，可以以此为参考。

▶ 重视糖类的摄入

以减肥为目的的戒糖饮食曾经风靡一时，它的原理是通过严格控制以碳水化合物为主的糖类摄入，使身体自主消耗体内存储的脂肪，从而使体重下降。

但是，糖类也是维持身体机能所必需的营养素之一。

糖类是肌肉活动的能量来源，而且能够帮助肌肉吸收蛋白质。研究结果表明，与只摄入蛋白质相比，同时摄入蛋白质和糖类能够使餐后肌肉的合成速度提高两倍。

但是，无论蛋白质和糖类多么重要，在饮食中都不能只摄入蛋白质或只摄入糖类。

无论出于何种目的，尽可能通过各种食材，使人体综合摄取各种营养是很重要的。

我在第42页介绍过，人体必须要均衡地摄入“五大营养素”，即蛋白质、碳水化合物、脂肪、维生素和矿物质。

因为这些营养素在我们的身体中并不能独立发挥功效，而是相互影响、相互促进的。

如果营养摄入不均衡，就无法维持身体的健康。因此，节食减肥并不利于身体健康，我们更应该思考的是如何才能通过饮食，均衡地摄入各种人体所需的营养。

感觉“体力下降”的根本原因是什么

随着年龄的增长，人的身体机能会越来越差。

大多数人在日常通勤时都会选择乘坐地铁或公交车上班，下班后再同样乘坐地铁或公交车回家。然而，即便是同样的线路和交通工具，人们到家后却依然会莫名地感觉“身体很重，特别累”。很多人便因此认为自己“体力下降”了。

当人们感到自己体力下降时，就会下意识地想去寻找一些更省力的方法。比如，不愿再爬楼梯，原本步行10分钟的路程也要坐出租车，网购代替实体店消费等。

随着现代社会生活便利性的提高，人们在日常生活中的活动量也逐渐减少，进一步加快了人们体力、肌肉力量的下降。

由于日常生活中活动量的缩减，肌肉的使用率也会随之下降。于是，人体血液循环变得不再通畅，肌肉力量下降，因此更加容易感觉疲劳。一旦陷入这样的恶性循环，体力就会越来越差。

体力即肌肉力量、心肺耐力、肌肉韧性

那么，我们在日常生活中常常提到的“体力”到底是什么呢？

体力，即**肌肉力量**、**心肺耐力**和**肌肉韧性**构成的身体综合能力的总称。

当人在体力好的状态下，心肺能够高效地工作，并在体内产生足够多的氧气，以此来支持肌肉的持久发力。

除此之外，在运动后做拉伸运动，让肌肉保持适度的柔韧性也非常重要。如果运动后肌肉一直维持僵硬的状态，就容易感到疲劳。

活动身体，即活动肌肉，能够加速血液循环，帮助血液将身体所必需的营养和氧气输送到身体的各个部位。同时，活动身体还能加快新陈代谢，将身体中的垃圾排出体外，从而保证身心健康。

那么到底该如何保持体力，或是恢复已经下降的体力呢？

维持体力最关键的一点就是要“劳其筋骨”。首先，我建议大家逐步减少日常生活中的省力行为，积极地让身体活动起来。在此基础上，再通过运动给予肌肉更多的刺激，会更加容易见效。

比如，我常常在住宅楼里碰到一类人，他们明明只需要上

一层楼，却不走楼梯而选择坐电梯。这就是一种会导致体力越来越差的行为。

有一些公司或组织，在宣传环保和健康理念时，会建议人们“二上三下”，即鼓励大家多多使用楼梯，上楼时走两层楼梯，下楼时走三层楼梯。

不过我更推荐大家，**上楼和下楼都走四层楼梯**。我们在上楼梯时，脚底会承受全身的重量，可以刺激臀部的肌肉群，也可以一步向上迈两个台阶，更能达到锻炼的效果。

另外，如果人们养成在地铁站或办公楼走楼梯的习惯，即使每次给予肌肉的刺激不多，比如每次只走一层楼，但久而久之也一定会看到成效。

▶ 通过自重训练来锻炼下半身肌肉

对于原本日常活动量就很少、极度缺乏运动的人来说，只要养成走楼梯的习惯，就能够逐渐恢复体力。

但是当身体适应了爬楼梯的强度后，就必须继续增加运动强度。如果想在日常生活中有效给予肌肉刺激，必须要保证运动强度可以达到维持肌肉力量的最低限度。

为了使训练强度能够超过日常活动对肌肉刺激程度，也为了健康考虑，我推荐大家利用自身体重作为负荷，尝试自重力量训练。

尤其是随着年龄的增长，人体上大块肌肉较为集中的下半身力量逐渐流失，针对这个现象，大家可以尝试第12页介绍的下半身力量训练。

除了增加肌肉力量，随着年龄的增长，也需要搭配提高心肺耐力和肌肉柔韧性的训练。

提高心肺耐力最简单的方法就是在日常生活中多多步行。比如，先给自己定一个小目标，凡是徒步15分钟就能到达的地点全部选择步行前往。

需要注意的是，在我们迈步前进时，整个脚掌要全部接触地面，脚部离地时，先抬起脚跟。

当然，除了慢速步行之外，快走或慢跑等有氧运动同样可以提高心肺耐力。我推荐大家尝试快走和日常速度的慢走交替进行，这样的训练方法称为“**间隔散步法**”，交替进行强度不同的运动可以有效改善心肺功能。

运动量不足的人可以先从快走、慢跑等运动开始，然后再逐渐增加运动强度，这样就可以轻松提高心肺耐力了。

在结束自重力量训练或有氧运动后不要忘记进行静态拉伸，增强肌肉的柔韧性。**为了让肌肉得到充分的放松，一定要认真对待每一次运动后的拉伸**。

如果感到大腿的内外侧、臀部、小腿肚、小腿内侧等下半身的肌肉特别僵硬，则要重点对这些部位进行拉伸。

随着年龄的增长，肌肉的柔韧性下降，关节的可活动范围也会随之变小。人们发现自己的肢体活动变得困难、动作幅度也在缩减，因此日常活动量自发地逐渐减少。这也是体力下降的原因之一。

在洗完澡、体温较高时或是睡觉之前做拉伸运动，不仅能够提高肌肉的柔韧性，还有助于快速入睡。因此，即便当天没有运动，也可以做一做静态拉伸，益处良多。

随着年龄的增长，如何维持身体的“灵敏性”

随着年龄的增长，人的肢体活动会变得不灵活，所有人都会如此。

比如，有的人可能会在平地上摔倒，上下楼梯的时候身体失去平衡，或者购物结账时想伸手接零钱却没接住等。我相信很多人都亲身经历过或者看到过别人有类似的经历。

当不小心摔倒时，有人会认为这是因为腿部肌肉的力量减少，但其根本原因并不仅仅这么简单。

我认为这主要是“**灵敏性**”出现了问题。所谓“灵敏性”，是指身体能够服从大脑指挥的能力。

在肢体活动的时候，人体为了将脑海中预设的某个动作画面变为现实，大脑会对肌肉发号施令，然后完成该动作。而随着年龄的增长，这一系列的动作效率会变低，肢体无法完全按照大脑发出的指令活动。

由此看出，灵敏性与神经系统的传递功能有着紧密的关联性。比如，有一些人小时候很擅长手工、绘画，为了使手指能够灵巧地将脑海中的想法变为现实，灵敏性是必不可少的。而手指能够灵巧活动，则说明神经系统的传递功能表现良好。

但是随着年龄的增长，有人发现自己在做某些精细动作时，会逐渐力不从心，这就是灵敏性减弱的一种体现。

▶ 运动能够锻炼大脑和神经传递系统

如果身体完全不听大脑的指挥，站立、行走等日常的基本动作都受到影响，这就说明身体已经出了大问题。

那么应该如何预防灵敏性的减弱呢？

事实上，仅仅是步行、上下楼梯等日常的简单动作，都能够让大脑处理很多任务。其中，大脑所处理的最重要的一项任务就是保证身体在单脚站立时不会失去平衡。

为了保持平衡，需要小脑先处理视觉、脚底的触觉、肌肉发出的信息和三个半规管（前庭器官）的信息，然后大脑会对横纹肌发出活动的指令。

当活动的肌肉使身体恢复至平衡状态后，小脑会再次核对信息，如果还有需要调整的，大脑会再次发出修正的指令。这一系列的运动在医学中被称为“协调运动”。

即便只是走路这么简单的动作，小脑和大脑也会立刻在短时间内共同合作处理多种信息。但是年龄的增长会导致神经传递系统功能的减弱，使大小脑和肌肉间的联络变缓，身体灵敏性也随之降低。

若是肌肉出现衰退现象，可以通过力量训练得到改善。而要预防脑部和神经传递系统功能的减弱，运动也是最好的方法。

说到锻炼脑部，可能很多人最先想到的是做智力游戏等脑力活动。然而若要预防灵敏性减弱，**更重要的是通过运动，多次让大脑处理大量信息，并通过神经系统将信息传递给肌肉**。

多走路、跑步，或是在家里单脚站立等方式都可以有效地锻炼身体的灵敏性。也就是说，刻意让身体多体验不平衡的状态是非常有效的。

在让身体体验不平衡的练习方法中，优先推荐使用瑜伽球。若是选择力量训练的话，我推荐练习“前弓步蹲”，即一只脚迈向前方，身体重心向下的动作。

另外，与在身体保持平衡的状态下进行力量训练相比，自重力量训练能更有效地锻炼身体的灵敏性。

▶ 儿童时期培养的灵敏性不会减弱

随着年龄的增长，身体灵敏性的减弱是一个不可忽视的问题，但同时另一个问题也日渐突出，即近年来儿童的灵敏性也在持续下降。

事实上，儿童时期是人体灵敏性的鼎盛时期，尤其是被称为“黄金年龄”的6—12岁。

人的心肺功能从12岁开始迅速发育，16—17岁时肌肉力量开始逐渐发育。

从前的孩子，**常常爬树、在公园里玩攀登架，身体自然而然地提高了灵敏性**。尤其爬攀登架，最能有效地提高身体的灵敏性。孩子在攀登架上爬上爬下、到处穿梭的时候，会思考“从哪里穿过去能最快到达目的地”，对提高灵敏性非常有益。

大脑中的神经元都是紧密连接的，而肢体灵活活动的能力会在神经元连接的基础上不断发育。在儿童时期形成的神经元连接会一直保持到成人时期。比如，人在小时候学会了骑自行车，即使长大后长时间不骑也不会忘记。

人一旦在儿童时期培养出灵敏性，身体便能按照大脑的意识自如地活动。这样的孩子在长大后学其他运动技能时，也非常容易上手。

然而，近年来孩子们外出玩耍的机会逐渐减少，孩子的灵敏性也普遍下降，因此长大成人后灵敏性也不够高。

现在越来越多的孩子不会翻单杠，这可能是由于他们的父母也不会，所以无法教孩子如何翻。

那么，在儿童时期灵敏性不高的成人，在现阶段进行运动也不能提高灵敏性了吗？我认为并非如此。

比如，40多岁的人刚开始学习打高尔夫球或网球时，也许动作在初始阶段会生硬笨拙，但是只要不断练习，就会练得越发娴熟。虽然他们的技术也许不能像专业运动员一样高超，但灵敏性一定能得到提高。

即便过了40岁也是如此，运动不仅能够预防灵敏性减弱，还能在一定程度上提高灵敏性。

不要再因为“我已经不年轻了”而放弃，要尽可能地多多活动身体，让身体永葆健康。

问答篇

解决运动过程中的困扰

Q 做力量训练会让腿变粗吗

A 不会变粗。请安心地做力量训练吧

很多女性都问过我这个问题，大多数女性都不希望自己的腿变粗。

不过请大家放心，大部分的女性，即使做了腿部力量训练，腿也不会变粗。

虽然力量训练会让肌纤维变粗，即“肌肉肥大”，但是和男性相比，女性很难出现“肌肉肥大”的现象。这是因为女性体内的雄性激素很少。

雄性激素是肌肉形成的重要因素，如果没有雄性激素，肌纤维就无法增粗。

但是在做完力量训练后，肌肉会呈现水肿的状态，这称为“充气”状态。很多人因此误认为自己的腿变粗了，但其实这只是血液中水分的暂时性积存，很快就会消失。

请各位女性放心大胆地做力量训练吧。

Q 选择路程较远的一站地步行算运动吗

A 步行一站地并不能算是真正的运动

我们在电视或社交媒体平台上，经常会看到有人介绍一些保健方法，比如“坐地铁或公交车时，选择在路程较远的一站地下车改为步行”。因此，当被问到“你有在做运动吗”，很多人都会回答，“我平时会步行一站地”。

然而，根据我在第23页介绍的“加量负重原则”来看，日常生活中普通的步行并不属于运动。因为如果身体的负重和日常生活一样的话，就无法给肌肉带来刺激。

况且，如果是在市内，每站地的距离都不会很长。因此，这并不算真正的运动。

也许有人会说“即使如此，也比什么都不做要好吧”。是的，但是我更担心的是人们会错将这种“步行一站地”的行为算作运动，但它其实只算是一种放松身心的活动，腾出时间专门去做真正的运动才是最重要的。

如果确实希望在通勤过程中利用一站地的路程做运动的话，则需要加大身体的负重。比如，换上适合运动的鞋，进行能够提升心率的快走，或是选择一些有上下坡或能上下楼梯的天桥的路线。

只有这样才算是在做运动。

Q 存在轻松不累的运动吗

A 正因为运动会让人疲惫，所以才对健康有益

当我问一些平时不运动的人，“为什么不喜欢做运动”时，最常听到的理由是“不想让自己太累”。

事实上，越是不喜欢累的人，越是需要通过运动让身体感到疲惫。

那么到底需要做多少运动才能对健康有益呢？

美国运动医学学会（ACSM）在1978年发布的指南里指出，“中高强度的有氧运动，每次20～60分钟，每周

3～5次即可”。但是在2007年的更新版指南中，则将这条修订为“建议每周至少做5天中高强度的运动”。

通过该指南的两个不同版本可以看出，经过30年，人们必须要做更多的运动才能保持健康。究其原因，我想最可能的一点就是现代生活越来越便利的同时，人们在日常生活中的身体活动量正在逐渐减少。

现代人每天步行的机会越来越少，很多人即便是前往近距离的超市也会选择开车出行，便捷的网购也大量削减了人们外出的机会。

正因如此，如果不刻意通过运动让身体感到劳累的话，健康受损的风险就会越来越高。

如果真的不喜欢劳累，就尽量选择一些能让自己开心的运动来抵消疲惫感吧！

Q 一做运动膝关节就疼，该怎么办

A 合适的运动可以消除膝关节的疼痛感。通过增强肌肉力量来保护膝关节吧

年龄增长给人们带来的膝关节疼痛，多数是因为“变形性骨关节炎”。

在膝关节中，软骨起到缓冲作用，当软骨被逐渐磨损后，其残渣日益堆积，会逐渐产生炎症，导致膝关节疼痛。更有甚者，软骨受到磨损后会露出骨骼，骨骼之间的相互摩擦也会产生强烈的痛感。

有人可能会认为膝关节疼痛就不能再运动了，但事

实上，一些不会给膝关节增加负重的运动反而能够消除炎症，减轻痛感。比如坐在椅子上，进行单腿弯曲伸直的动作就非常有效。

除此之外，一些年轻女性在运动时，膝关节也会出现痛感。这是因为当肌肉力量不足时，关节受到的冲击力不能被全部吸收缓冲，膝关节所承受的负重就会增加。

因此，为了避免膝关节疼痛，我依然推荐大家进行力量训练，增加腿部的肌肉力量。

但是如果是严重的变形性骨关节炎的患者，一定要遵从医嘱，如有必要则应避免运动。

Q 饭后可以做运动吗

A 运动目的决定运动时间。餐后运动可以有效预防糖尿病

很多人都认为饭后不能运动。

在学生时代有过运动项目集训经历的人应该都还记得，一般学校在午饭后会安排一定的休息时间，不会立刻进行锻炼。

这是因为人体在饭后会专注于消化和吸收食物，即使运动也不会有很好的锻炼效果。因此，一般情况下要尽量避免在饭后2小时内做运动。

但是，有时为了达到某些特殊的运动目的，在饭后运动反而更有效，比如预防糖尿病。

糖尿病的预防，主要在于尽可能地控制一天内血糖值处于平稳状态。血液中葡萄糖浓度（血糖值）的上升会给血管带来负担，长期积累下去会引发各种并发症。

进食会引起血糖升高。在餐后1小时内血糖值达到峰值，因此如果餐后1小时内运动，会消耗掉血液中的葡萄糖，从而降低血糖值。

如果有人在体检中发现血糖较高，并且担心自己会患上糖尿病的话，一定要在饭后运动，以此预防糖尿病。

参考资料

图书

- 『国民健康・栄養調査』厚生労働省（2017 年）

  《国民健康营养调查》日本厚生劳动省（2017 年）
- 『国民生活基礎調査』厚生労働省（2016 年）

  《国民生活基础调查》日本厚生劳动省（2016 年）
- 『EBM スポーツ医学』宮永豊総監訳（西村書店）

  《EBM 运动医学》宫永丰总译（西村书店）
- 『ウォーキングブック』宮下充正（BOOK HOUSE HD）

  《步行全书》宫下充正（BOOK HOUSE HD）
- 『運動処方の指針　原書第 7 版』（南江堂）

  《运动处方指南 原书第 7 版》（南江堂）
- 『運動処方の指針　原書第 8 版』（南江堂）

  《运动处方指南 原书第 8 版》（南江堂）
- 『肩こり・頸部痛クリニカルプラクティス』中村耕三編集（中山書店）

  《肩颈疼痛临床运动》中村耕三编（中山书店）

- 『患者さんのむくみ、ちゃんと診ていますか？』松尾汎編集（日本医事新報社）

  《你认真对待患者的水肿了吗？》松尾汎编（日本医事新报社）
- 『更年期医療ガイドブック』日本更年期医学会編（金原出版株式会社）

  《更年期医疗指南用书》日本更年期医学会编（金原出版株式会社）
- 『骨粗鬆症の予防と治療ガイドライン 2015 年版』骨粗鬆症の予防と治療ガイドライン作成委員会編集（ライフサイエンス出版株式会社）

  《骨质疏松症的预防和治疗指南 2015 版》骨质疏松症的预防和治疗指南编写委员会编（生活科学出版株式会社）
- 『骨粗鬆症のマネジメント』松本俊夫編集（医薬ジャーナル社）

  《骨质疏松症对策》松本俊夫编（医药杂志社）
- 『最新版 悩んでないで、スッキリ解決！ だって更年期なんだもーん 治療編』善方裕美（主婦の友社）

  《最新版 轻松解决 不再烦恼更年期问题！治疗篇》善方裕美（主妇之友社）
- 『柔軟性の科学』マイケル・J. オルター（大修館書店）

  《柔韧性的科学》麦克・J. 沃尔特（大修馆书店）
- 『食欲の科学』櫻井武（講談社ブルーバックス）

  《食欲的科学》櫻井武（讲谈社 科学启蒙系列）
- 『専門医が治す！ 自律神経失調症』久保木富房監修（高橋書店）

  《让专业医生来治疗！自主神经失调症》久保木富房主编（高桥书店）
- 『ロコモティブシンドロームのすべて』中村耕三、田中栄：監修　大江隆史、葛谷雅文、星野雄一編集　日本医師会発行（診断と治療社）

  《关于运动障碍综合征的一切》中村耕三、田中荣主编 大江隆史、葛谷雅文、星野雄一编 日本医师会发行（诊断治疗社）

文献

- 小川智弘 . 下肢静脈瘤の疫学・治療法の歴史 .　日本医事新報 .2016;4824:24-27
  小川智弘 . 下肢静脉血管瘤流行病学、治疗法的历史 . 日本医事报 .2016;4824:24-27
- 笹月静 . がんのリスク・予防要因 - 世界と日本 -.Nippon Rinsho. 2017;75(8):78-83
  笹月静 . 癌症风险、预防的关键 - 世界和日本 -.Nippon Rinsho.2017;75(8):78-83
- 佐藤智子 . 更年期障害治療法の選択漢方 and/or HRT、エクオール . 産婦人科漢方研究のあゆみ . 2018;35: 19-23
  佐藤智子 . 更年期障碍治疗方法的选择 中药 and/or HRT、雌马酚 . 妇产科中医研究的进展 . 2018;35:19-23
- 三宅秀彦 , 川端伊久乃 , 中井章人 . 妊娠中のスポーツ活動 妊婦スポーツの安全管理基準 . 日本臨床スポーツ医学会誌 , 2010;18(2):216-218.
  三宅秀彦，川端伊久乃，中井章人 . 孕期运动 孕期运动安全管理标准 . 日本临床运动医学会杂志，2010;18(2):216-218

- ACOG Committee Opinion No. 650: Physical Activity and Exercise During Pregnancy and the Postpartum Period.Obstet Gynecol,2015.126(6): p.e135-42
- Daniela Guarino, Monica Nannipieri, Giorgio Iervasi, Stefano Taddei, Rosa Maria Bruno.The Role of the Autonomic Nervous System in the Pathophysiology of Obesity. Front Physiol.2017.8:665
- Goto K1, Ishii N, Sugihara S, Yoshioka T, Takamatsu K .,Effects of resistance exercise on lipolysis during subsequent submaximal exercise.Med Sci Sports Exerc. 2007 Feb;39(2):308-15
- Michelle Brasure, Priyanka Desai, Heather Davilla, Vistoria A .Nelson, Collin Calvert,Eric Jutkowitz, Mary Butler, Howrd A. Fink, Edwaed Ratner, Laura S. Hemmy, J. Riley McCarten, Terry R. Barclay, Robert L . Kane.Physical Activity Interventions in Preventing Cognitive Decline Alzheimer- Type Dementia.Ann Intern Med. 2018;168(1):30-38
- Volpi E1, Mittendorfer B, Rasmussen BB, Wolfe RR . ,The response of muscle protein

anabolism to combined hyperaminoacidemia and glucose-induced hyperinsulinemia is impaired in the elderly.J Clin Endocrinol Metab. 2000Dec;85(12): 4481-90.

- Yoshimura N1, Muraki S, Oka H, Mabuchi A, En-Yo Y, Yoshida M, Saika A, Yoshida H,Suzuki T, Yamamoto S, Ishibashi H, Kawaguchi H, Nakamura K, Akune T.,Prevalence of knee osteoarthritis, lumbar spondylosis, and osteoporosis in Japanese men and women: the research on osteoarthritis/osteoporosis against disability study.J Bone Miner Metab.2009;27(5):620-8

快读·慢活®

《女子养生术》

不费力、少花钱，就能抗初老、少生病！

头痛、体寒、水肿、失眠、月经失调、皮肤粗糙、便秘、总是觉得累……你是否常有这些不适与烦恼？

本书从中医养生理论出发，结合营养学知识，帮助当代女性看懂身体的“求救”信号。通过调整日常饮食和改变生活习惯，针对性地调理40种常见身心不适症状，为女性提供简单、实操性强的调养方法。大家可以通过“观舌识健康”“气血津液检查表”“五脏检查表”等，了解自己的体质以及身体状况，从而全面认识自己的身体，不依赖药物地改善身心状态，增强自愈力！

本书将中医养生智慧融入当代女性的日常生活，是当下养生女孩的常备好书。全书内容简明、实操性强，搭配手绘插图，十分适合养生入门。

快读·慢活®

从出生到少女，到女人，再到成为妈妈，养育下一代，女性在每一个重要时期都需要知识、勇气与独立思考的能力。

“快读·慢活®”致力于陪伴女性终身成长，帮助新一代中国女性成长为更好的自己。从生活到职场，从美容护肤、运动健康到育儿、家庭教育、婚姻等各个维度，为中国女性提供全方位的知识支持，让生活更有趣，让育儿更轻松，让家庭生活更美好。